资深HR

聊职业规划与求职面试

余翊宸　余群建　著

中国财富出版社有限公司

图书在版编目（CIP）数据

资深 HR 聊职业规划与求职面试／余翊宸，余群建著．－－北京：中国财富出版社有限公司，2025.5. －－ISBN 978 －7 －5047 －8422 －3

Ⅰ. C913. 2

中国国家版本馆 CIP 数据核字第 2025WP5203 号

策划编辑	朱亚宁	**责任编辑**	贾紫轩　蔡　莹	**版权编辑**	武　玥
责任印制	尚立业	**责任校对**	庞冰心	**责任发行**	杨恩磊

出版发行	中国财富出版社有限公司	
社　　址	北京市丰台区南四环西路 188 号 5 区 20 楼	**邮政编码**　　100070
电　　话	010 －52227588 转 2098（发行部）	010 －52227588 转 321（总编室）
	010 －52227566（24 小时读者服务）	010 －52227588 转 305（质检部）
网　　址	http：//www.cfpress.com.cn	**排　　版**　　宝蕾元
经　　销	新华书店	**印　　刷**　　宝蕾元仁浩（天津）印刷有限公司
书　　号	ISBN 978 －7 －5047 －8422 －3/F · 3804	
开　　本	710mm × 1000mm　1/16	**版　　次**　　2025 年 6 月第 1 版
印　　张	14.5	**印　　次**　　2025 年 6 月第 1 次印刷
字　　数	223 千字	**定　　价**　　42.00 元

前　言

作为一名拥有 20 余年经验的人力资源管理从业者（简称 HR），我从事校园招聘工作已有 10 多年，面试过的高校毕业生累计超过 3 万人。在多年的 HR 生涯中，我发现优秀的年轻人往往对自己的职业规划有着清晰认知，清楚自己能做什么、擅长什么以及想要什么；还有相当一部分年轻人对职业规划甚是模糊，这种现象与长期以来唯"分数论"的观念是有很大关系的，也造成应届生出现了"毕业即迷茫"的问题。

在高校校招中，一些同学本来很优秀，但在求职过程中却因为对面试的"不懂"或者对职业选择的"不清晰"，错失了很多适合自己的良机。

我大学毕业后一路走来，也是磕磕绊绊，有失败、有困惑、有迷茫、有教训。今天回头看，感觉自己走了很多弯路，甚至偶有"撞墙"。我有时在想，当初我大学毕业，如果有职业导师为我"指路"，那我的求职和职业规划会顺利很多，取得的成就也会更大，付出的"学费"也会更少。当然，人生没有回头路，我今天写这本书就是希望年轻人不要再走我曾经走过的"弯路"。人与人之间的差距关键在于认知，在本书中，有对职业规划及抉择的认知，有对思维模式进行的深入阐述和分析，希望读者能理解并参考。

有一次，我在杭州某大学人文学院招聘一名文秘岗位的职员，学校挑选了 6 名优秀的学生参加面试。面试结束后，我与该学院的辅导员进行了交流，感谢她为我带来了底子优秀的学生。但是实际上我对这次面试并不满意，最主要的问题是这几个学生不懂面试，我问了他们几个问题，可他们的回答评分比较低。面试后，我把面试题给辅导员看，并给了她面试评分标准，她看了以后很惊讶，原来企业 HR 面试与她的想象有很大差距，便想请我给该学院的学生做一场关于求职面试的讲座。后来，我给该学院300 多位大四学生和研究生做了一场以"高校毕业生求职应聘技巧"为主题的讲座，同学们反馈说"很震撼"，讲座内容颠覆了同学们原先的想法和理念。后来，我把课程"性格与职业倾向"与求职面试的课程进行了合并，形成了今天这本书的底稿。近几年，我给浙江大学、浙江工业大学、杭州师范大学、浙江财经大学、安徽理工大学、南京航空航天大学等 10 余所高校的毕业生做了上百场讲座，场场爆满。讲座结束后，同学们常常把我团团围住，咨询各类求职面试、简历编写的问题。

我曾作为《青年时报》HR 顾问、浙江省人才市场人力资源专家，参加过多场全省规模的大型招聘会，前来求职的学生非常多，我有幸被邀请，为在求职应聘、职业选择、职业规划等方面有困惑和感到迷茫的同学答疑解惑。在这个活动过程中，同学们有着不同的问题和困惑，我总是尽自己最大的能力，力争让同学们"满面愁容来，春风笑面回"。同时，这也给了我丰富的案例和素材，其中具有典型特征或有着参考意义的案例被收录在本书中。

尽管我的愿望是做年轻人的职业导师，帮助"困惑和迷茫"者，但是一个人的精力和时间毕竟有限，我做不到对每个人进行一对一的指导和咨询，深感遗憾。在几个高校老师和 HR 朋友的建议下，我决定总结自己这十多年的实践经验，用文字的形式进行传播，让更多的年轻人受益，让更多的人通过阅读本书，在职业规划和求职面试中变得更加游刃有余。同时，我也希望这本书能成为年轻人步入职场的良师益友！

本书有些观点有一定的难度，进而采用了大家熟知的俗语予以说明。由于自己在行业、专业等方面接触有限，对一些知识也存在认知的局限性，本书如有不足之处，望各位批评指正！

作　者

目　录

1

第一篇

人生，应该
去做些什么？

一、人的一生，应该去做些什么

人从出生到生命结束，一辈子大概有多少天？从小学到大学毕业有多少天？从参加工作到退休有多少天？这个话题，估计年轻人很少思考，总觉得时间还长着呢。

时间的宝贵性，我们来算算看，一年按 365 天计算，暂且按照 80 岁的寿命，那就是 29200 天。高二的同学一般是 16 ~ 17 岁，按 16 岁计算，则生命已经度过了 20% 计 5840 天，我们剩余 64 年计 23360 天，这样，是不是感觉还有很长时间？那就继续算下去，我们按照平均 25 岁参加工作，则我们还有 7 年时间计 2555 天用在学校学习，再扣除每年休息日和每年约 120 天寒暑假时间后，我们真正在学校学习时间仅为 900 多天，再扣除每天吃饭、睡觉、休息娱乐共计约 14 个小时，则我们在学校学习的 7 年时间仅能按照 575 天计算。

上述是按照寿命 80 岁来计算的，根据国家卫生健康委公布的数据，我国 2022 年人均预期寿命达到了 77.93 岁，2023 年进一步提升至 78.6 岁，为历史较高水平，能活到 80 岁的人仅为 30% 左右。当然，人均寿命会随着生活水平的提高和医疗水平的提高得到进一步增长。

这样一算，是不是我们人的生命过程跟剥柚子非常相似，貌似买了一个很大的柚子，其实就是厚在皮上了，等你把皮扒开之后，里面的果肉比我们想象的要小得多。

对于时间，《围炉夜话》言："天地无穷期，生命则有穷期，去一日，便少一日。"译成白话文是"天地永存，无穷无尽，但是人的生命有限，每过一天，生命就减少一天"。我们在语文课上，学到"子在川上曰：逝者如斯夫，不舍昼夜"（《论语·子罕》），这句话的意思是，孔子在河边说道："奔流而去的河水是这样匆忙啊，白天黑夜不停地流。"时间就像流水，一去不返，令人感慨万千！

"滚滚长江东逝水，浪花淘尽英雄。是非成败转头空。青山依旧在，几度夕阳红。白发渔樵江渚上，惯看秋月春风。一壶浊酒喜相逢。古今多少事，都付笑谈中。"（明代杨慎《临江仙·滚滚长江东逝水》），光阴似箭，一寸光阴一寸金，对于时间，我们既需要有波澜壮阔的雄心壮志，也更需要在这个属于自己的光阴中合理规划自己的未来。当然，对于未来，我们要做到既不忧也不愁，尽心做好当下的事情。

怎样才算是做好当下的事情？对于这点，仁者见仁，智者见智。孔子早在2500多年前说过一句话，直到现在还是非常有借鉴意义，这句话就是"富而可求也，虽执鞭之士，吾亦为之。如不可求，从吾所好"（《论语·述而》），译成白话文是"富贵如果真是可以求得到的话，就是做那拿鞭子的苦差事，我也去干。如果求不到，那还是让我做自己喜欢的吧"。

孔子的这句话，对涉世不深的学生来说，也是很容易理解的。这句话至少有两层意思，第一层意思是"富贵"是要靠自己努力奋斗和拼搏才能得到，求人是求不来的！如果很随便就可以求得"富贵"，那么哪怕是低三下四的事情也有人会去做；第二层意思是，我们做自己喜欢的事情，才有可能获得"富贵"。孔子的这句话也是我们今天做职业生涯规划的精髓所在！

我们做个假设，假如你现在是《红楼梦》中贾府的人力资源总监，有一天林黛玉找到贾母，说想担任贾府总管，贾母来征求你的意见，问你是否同意林黛玉担任贾府总管？我估计你一定不会同意，但是你要给出不同意的理由，总不能随意回绝，否则，贾母就会说林黛玉都没干，你怎么就不同意或认为她干不好呢？

其实，这个故事和孔子所说的意思相似，"贾府总管岗位"可寓意为"富贵"，那么林黛玉为什么想申请这个岗位，也许很多人会说林黛玉是喜欢这个岗位。没错，这里面的喜欢有三种意思，第一种意思是想从中获利，因此喜欢上了这个岗位，这种喜欢是否长久？是否能长久？第二种意思是想改变自己，而去挑战目前的困境和局面，想做自己以前不喜欢的事情。第三种意思是，认为这个岗位可以发挥自己的特长或专长。请问大家，哪种情况下的喜欢，会让自己成功？这个答案也是显而易见的。

读了《红楼梦》，我们都知道林黛玉的性格，她根本适应不了这个贾府总管的岗位。如果贾母同意了林黛玉的请求，可以判断，也许第一天林黛玉会满心欢喜地上任，但是经过一段时间，她会发现这个岗位与自己的想象大相径庭，而且工作也不能由着自己的性子来，这样下去，林黛玉在贾府总管岗位上的热情与激情会与日递减，以致最后选择辞职或逃避。

人生的规划，就是应该做自己喜欢的事情，而非勉强或者强迫自己做不喜欢的事情，否则人生会留下遗憾！

二、怎样做到人生不留遗憾

曾经有本外国杂志进行了关于"人最后悔的事"的调查，这项调查在全国 60 岁老人中展开，旨在了解他们在回顾一生时感到最后悔的事情。调查结果显示，72% 的老人后悔年轻时努力不够，导致事业无成；67% 的人后悔选错了职业；63% 的人后悔对子女教育不够或方法不当；58% 的人后悔身体锻炼不足；56% 的人后悔没有好好珍惜伴侣；47% 的人后悔对双亲尽孝不够。对这个调查结果，我们且不论这个调查的真实性，至少它反映了一种普遍存在的问题，那就是"由于没有把握好当初该做的事，我们追悔莫及，抱憾终身"。

在我国，对于上述相关内容的调查数据较少，但是我曾作为浙江省人才市场的人力资源专家，参加了多次大型的浙江省大学生招聘会，接待了成千上万名应届求职毕业生，有很大比例的应届毕业生求职岗位是非大学所学专业，每当问及为什么不求职自己所学专业，听到的回答，大都是

"不喜欢所学的专业""这个专业是我父母给我填的""我的父母认为这个专业比较好就业",等等。

年轻人,选错了方向还有时间去调整,因为他们有时间去试错。但是人到中年、老年,基本没有翻盘或重起炉灶的时间资本了,所以各种后悔、埋怨、怨言就多了。

那么为什么会有后悔或是追悔莫及?究其根源,就是我们在事情起始阶段选择不恰当或判断失误,导致事物或事情的发展和结果没有达到我们的预期或产生了相反的预期。那么,我们当初为什么会做出那样的举动呢?再究其根源就在于我们的认知。这个概念对于职业规划而言,则是"不能认清自己",也就是"无知",因"无知"而"不能认清自己"和"不懂如何选择自己可从事的职业"。

如何"认清自己"?我们就拿林黛玉要求职贾府总管岗位这个故事分析,林黛玉要求担任贾府总管,就说明对自己认识不清,林黛玉的性格是属于"敏感、细心、多愁善感",对周围环境和人物细微变化的敏锐都可感知,自尊心非常强,不允许任何人触碰她的底线,而且这种自尊心是她性格的核心部分。这种性格的形成源于她寄人篱下的生活经历,失去了父母和家庭的温暖,使她容易感到孤独和悲伤,并且她的才华和诗人气质也让她容易感到寂寞,害怕孤独,尽管身体羸弱,但她个性硬气,不轻易屈服,同时也有真诚、善良和幽默的一面。

而贾府总管实际需要的是什么人?就是王熙凤这种性格的人,为什么?因为,王熙凤在工作中一直顺风顺水,并且在贾府中掌握实权。王熙凤是一个什么样的人呢?我们可以通过对她的描写看出,王熙凤是一个心狠手辣、八面玲珑、做事决绝且具有惊人的管理组织能力和治家手段的人,是属于"聪慧能干、八面玲珑、心狠手辣、敢爱敢恨、能言善辩"的泼辣人才。

可以换位思考一下,如果你是林黛玉,在能清楚地认识到自己的能力,又知道贾府总管岗位的能力要求后,你肯定不会考虑这个岗位。那么,林黛玉适合应聘什么岗位?我觉得林黛玉适合做幼儿园老师或者小学语文老师。

不能认清自己的兴趣和能力，我们往往就会选错职业。曾有人认为一个人最坏的状态，是失去了对自己的认识和支配。正如同我们身边的很多人，因为不能认清自己，往往坚持了不该坚持的，放弃了不该放弃的，努力了大半辈子，最终还是一事无成，成了"哀其不幸，怒其不争"的那类人。民间俗语说"没有金刚钻，别揽瓷器活"，做事得先看看自己有没有金刚钻！

中国当代作家、学者、教育家、厦门大学教授易中天认为人生如果错了方向，停下来就是进步。他认为人生是不断的选择，出错不可怕，可怕的是犯下错误不愿承认并继续向前，甚至将错就错最终无法挽回。新东方教育科技集团董事长、总裁俞敏洪老师也持有类似的观点，他认为放弃是一种智慧。也可以理解为，人生有很多事情可以做，不必在一件事上固执己见，及时调整方向才能更好地前进。美国作家、演说家马克·吐温也曾有类似的观点，他认为，在错误的方向上坚持只会让情况变得更糟，停下来反思和调整方向才是明智的选择。

苏格拉底、蒙田、爱默生等人一再强调，世界上最重要的事情就是认识自我。怎样才算是真正地认识自我呢？比较简单的辨别方法就是，越是了解自己的人，就越能活成自己想要的样子。著名诗人、辞赋家、散文家陶渊明本是彭泽县令，但他认为"少无适俗韵，性本爱丘山。误落尘网中，一去三十年"，果断辞职归隐，其后不仅在山水田园中活出真实的自己，还成为中国"田园诗人"的著名代表。

我们必须承认，认识自己是件很难的事情。我们从出生到死亡，其实就是不断探索和认识自己的过程。有人问苏格拉底："世上何事最难？"他回答："认识你自己！"这句话的意思仁者见仁，我的理解是我们每个人都有自己的局限性，因为有局限性，才造成了"当局者迷，旁观者清"，而且"当局者"往往还以为自己很清醒。

根据 17 世纪英国哲学家约翰·洛克（John Locke）的白板说及存在主义"存在先于本质"的观点，认识自己就是认识我们创造人生的过程。基于此逻辑，我们可以得出一个结论，那就是对自己认识越深，人就越有人性，只要我们活着，认识自己就必然是一个不会完结的过程。

虽然哲学大师给我们打开了认识自己的大门，但是哲学不是每个人都能懂的，特别是对在校的同学们来说，确实是有些生涩。还有没有更加快捷和方便的方法呢？

著名的瑞士心理学家卡尔荣格认为，我们所看到的外在世界的每件事，都是我们内心的反映。曾有人说："你眼中的你不是你，别人眼中的你也不是你，你眼中的别人才是你。"感觉看似很难懂，不过这告诉了我们，当每个人站在自我的角度去看待或评价人和事物时，普遍下意识地偏向自己的臆断，根据自己已有的情绪、经验、学识、偏好、性格、价值取向、利益等综合因素判断，并且还觉得自己足够优秀、成熟、有魅力、稳重。因此，每个人的角度不一样，看待事物的态度、见解也有所不同。

英国文艺复兴时期剧作家、诗人莎士比亚曾说过"一千个人眼中就有一千个哈姆雷特"。世界是客观的，但每个人眼里的世界都不相同，你有你的认识，他有他的认识，是因为你和他的内在不相同，就产生了对世界的不同认识，其实世界就是你内心的样子。由此，我们也应该认识到，当一个人以自己的眼光去观察外界，认为外界是什么样子的，其实反映的是自己的内在是什么样子的。悲观的人眼里往往是悲观的世界，乐观的人眼里往往是乐观的世界，这也是"相（境）由心生"，其含义是内心所想影响对外在事物的看法。这些现象的背后是一个普遍的心理现象即投射，人会无意识地将自己的主观部分放到与外界的互动当中，这就是投射的产生。

第二篇

2

职业成功，源于规划

一、规划伴随着我们的一生

规划的目的就是完成目标，也就是我们得先有个目标，这个目标的设定一般要符合 SMART 原则［由管理学大师彼得·德鲁克在其著作《管理的实践》中提出，其含义是具体性（Specific）、可衡量性（Measurable）、可达成性（Achievable）、相关性（Relevant）、时间限制（Time – bound）］，也就是说这个目标经过努力是可以在未来的一定期限内达到的。

有句大家都熟悉的俗语是"既想让马儿跑，又不让马儿吃草"，这句话通俗易懂，就是要实现目标，得把实现目标的资源配置上去。比如，我要在 12 秒内完成 100 米的短跑目标，目标是明确了，但是你能否完成目标呢？正常成年人 100 米的完成时间是 13～15 秒（军人跑步，100 米的标准是在 13 秒左右），而一般普通人（指绝大多数不经常锻炼的人）完成 100 米短跑的时间可能需要 13～17 秒，经常性保持锻炼的大概在 13～15 秒这个时间段。如此分析，要在 12 秒内完成 100 米的短跑目标，则要看你的运动训练程度、身体素质、体能状况、性别、年龄等因素，这些是你自身拥有的资源，专业的短跑运动鞋也是你完成目标的重要因素。

在 12 秒内完成 100 米的短跑目标，并不是每个人都可以做到的，也就是说，完成目标的人是有限的。同样，我们完成任何目标的资源都是有限的，那么如何利用有限的资源去完成我们设定的目标，这就需要我们进行规划。

假设你是一位男生，身高 170 厘米，体重 85 千克，平时学业繁重，也没有时间跑步锻炼，但是你给自己制订了一个在 1 个月内要完成 100 米且跑进 12 秒的计划，这个目标该如何规划呢？首先，必须减肥，把体重降到

70 千克以内，以减少跑步时体重对膝盖的冲击；其次，坚持每天锻炼 30 分钟以上，以提升自己的心肺功能；最后，攒钱给自己买一双合适的短跑鞋，等等。

在电视剧《士兵突击》中，团长对许三多说过一句很经典的话："想到和得到中间，还有两个字，那就是做到！"这就要求我们有了目标，有了规划，还得不折不扣地去执行！行为心理学告诉我们，当人的行动有了明确的目标，并能把自己的行动与目标不断加以对照，进而清楚地知道自己的行进速度和目标之间的距离时，人的行动动机就会得到维持和加强，也就能自觉地克服一切困难，努力达到目标，而且每前进一步，实现一个小目标，就会体验到"成功的喜悦"，这种"感觉"将推动你充分调动自己的潜能。

"立目标、做规划"，谁都会。没有行动，则一切停留在想法或口号阶段，那么目标就是你的"空中楼阁"而已。怎么行动？心理学上有一个"微目标"的概念，就是我们强调最小行动，也是我们通常所说的"饭要一口一口吃"，再厚的书也是得一页一页看，再远的路也是一步一步走，再高的树也要一点一点长大。我们要把长期目标细化成每天最小行动目标，并完成自己每天的小目标，"不积跬步，无以至千里；不积小流，无以成江海"（荀子《劝学》）。

职业成功或事业成就，都体现在行动上。美国投资家沃伦·巴菲特的黄金搭档，伯克希尔·哈撒韦公司副主席查理·芒格提出了"人与人之间的财富差距"观点，查理·芒格认为人与人之间的财富差距主要体现在以下 4 个层面：

第一个层面是"信息差距"，就是"我知道的，你不知道"；第二个层面是"认知差距"，就是"我懂的，你不懂"；第三个层面是"执行差距"，就是"你我都懂，但是我已经开始干了"；第四个层面是"竞争差距"，就是"你、我都干了，但是我干得比你好"。

我认为可以将这一观点奉为金玉良言，其实人与人的聪明程度差不太多，95% 的人智商在 70～130 之间，谁会脱颖而出？最终就体现在"行动"上，民间有俗语"笨鸟先飞"，讲的也是要行动。

从行为心理学上讲，行动来源于"对目标的清晰认知"，也就是说认知不同的人，所采取的行动是不同的，行动不同由此产生的结果也就不同，结果不同也就意味着事情成败程度不同。

二、决定自己人生成败的密码

有很多人常常会发问或者抱怨："为什么我也努力了，付出了，却没有得到自己想要的？"这是因为他忽略了性格的重要性，对什么事物采取什么行为方式，则是由其性格决定的！比如性急、偏执、害羞、马虎等所产生的结果会有很大不同，性格就是人在对人、对事的态度和行为方式上表现出来的心理特点，如理智、沉稳、坚韧、执着、含蓄、坦率等。假如，把一个人比作一栋大厦，那么性格就是其钢筋骨架，知识和学问则是充斥其中的混凝土。

一个人的性格会影响他看人看世界的角度，形成不同的世界观、人生观、价值观。最终，性格决定了人们做人做事的方式，也就决定了一个人的成功与失败。

无论是小时候还是长大了，我们总是不喜欢和那些脏兮兮或不修边幅的人交往，为什么？有人说，穿什么衣服，做什么发型，脸上是什么颜色，有什么举止行为，那是人家的自由呀，我们不能以"以貌取人"。而且，往往脏兮兮或不修边幅的人会解释，我很忙呀，我没时间打理自己呀，或者我很穷没条件穿干净衣服。但是你第一时间或第一印象，就是没有好感或厌恶呀。为什么？

因为一个人脏兮兮或不修边幅，其实就是以自我为中心，不在乎他人的感受，也就是那种我行我素。从心理学上解释，就是对别人的不尊重，既然他人没有在你这里得到应有的尊重，人家凭什么要喜欢你？人家不喜欢你，怎么和你交朋友呢？你连朋友也没有，怎么获得他人的认可、赞同和支持呢？

当然也有人会说，爱因斯坦就是一个不修边幅的人，难道他不是一个伟大的人吗？但是你知道爱因斯坦的智商有多高，目前普遍认为在 160～180 之间，尽管不同的数值可能是不同的测试方法和标准导致的，但是无论如何，爱因斯坦的智商都被认为是极高的，属于天才范畴。所以，我们不拿个别极端案例来分析我们普通人，否则那就是抬杠了。

给大家讲一个真实的历史故事，一个对自己生活有要求且穿着干干净净的人，改变了自己和子女的人生。在清朝末期的一天傍晚，知府潘守濂下班回家路上，看到一位与众不同的卖煎饼妇女，并不是因为其容貌与众不同，而是她穿的衣服上虽尽是补丁，却干干净净，盘着的头发也是一丝不乱，煎饼锅边也是干干净净，煎饼摊边上有几个小孩，尽管个个饿得皮包骨头，但是也穿着干干净净的带着补丁的衣服，眼睛也并没有盯着煎饼。

由于潘守濂的妻子怀孕了，他又一直忙于工作，很少顾得上家里的事，因此想找个人照顾妻子，遂上前与之交流。交流后得知妇女姓邱，是个寡妇，丈夫因得罪了家乡一个恶霸而被害，她便带着孩子逃难到这里。她有两个孩子，其中一个孩子 12 岁在读书，小的还在吃奶，全靠她卖煎饼养活两个孩子。尽管有时穷得揭不开锅，邱氏宁愿自己饿着，也要供大儿子读书。

潘守濂欲请邱氏来家里照顾妻子，并且准许她带着孩子住进府里，并供她的孩子读书。但是邱氏摇摇头，说怕那恶霸找上门给他们惹麻烦，当潘守濂告知她自己是知府时，邱氏才放心。

邱氏的大儿子靳云鹏，受到潘家的照顾，进私塾读过几年书，读了书再教弟妹。十八岁那年，他听了母亲邱氏的话，投身北洋新军，但是因为天生眼斜，被分配去清理马厩，打扫厕所。靳云鹏也并没有因为清理马厩、打扫厕所而自卑，受母亲言传身教的影响，不甘穷苦，勤劳朴实，每次都把马厩、厕所打扫得干干净净，把工作做完以后，就利用闲暇时间看书。

一次，北洋三杰之一的段祺瑞来军营视察，内急遂来厕所解手，发现这个厕所比以往他上过的厕所都干净整洁，解手以后还发现一个年轻士兵在认真看书，很是赞赏。亲自下令，将靳云鹏列为正式兵员，参与训练。此后了解到，靳云鹏只要有时间就埋头读书习字，很少走出营门，每月都要寄官饷回家赡养母亲。段祺瑞认定这是一名好兵，未过不久，便将靳云鹏选送进新建陆军附设炮队随营武备学堂第一期学习。后来，段祺瑞便将靳云鹏栽培成自己的一员干将。1919—1921 年，靳云鹏出任北洋政府内阁总理。

邱氏和他儿子的故事，充分说明了性格是决定自己人生的密码。在这里要说明的是，性格无所谓好坏，只是不同性格的人适合干不同的事情而已。

三、性格无所谓好坏，学会因势利导

"龙生九子，九子不同"（明代徐应秋《玉芝堂谈荟·龙生九子》），这个字面意思比较好理解，就是说龙生了九个儿子，每个儿子都不相同。九子是：长子是囚牛，喜好音乐，它常常蹲在琴头上欣赏音乐；次子睚眦，嗜杀喜斗，性格刚烈，而且总是嘴衔宝剑，怒目而视；三子是嘲风，平生好险又好望；四子是蒲牢，受击就大声吼叫；五子是狻猊，形似狮子，平生喜静不喜动，好坐，又喜欢烟火；六子是霸下，似龟有齿，喜欢负重；七子是狴犴，不仅急公好义、仗义执言，而且能明辨是非、秉公而断；八子是负屃，身似龙，雅好斯文，盘绕在石碑顶部，平生好文；九子是螭吻，龙头鱼身，口润嗓粗而好吞。

上述的龙之九子，哪个儿子本领大？哪个儿子本领小？估计很难判断吧！每个人喜欢做什么事情、能做什么事情，是根据自己的性格和能力来的。

"橘生淮南则为橘，生于淮北则为枳"（《晏子使楚》），该文是战国末期创作的一篇散文，意思是橘子生长在淮河以南就是橘子，生长在淮河以北就变成枳了，只是叶子的形状相像，它们果实的味道不同，"枳"是不是有些"金玉其外，败絮其中"的意思呢？

有个词是"东施效颦"，是说美女西施因为心口疼，便经常手捂胸口，皱着眉头，而邻家丑女东施看见西施这样，觉得姿态很美，也学西施的样子，结果东施变得更丑了。同样，我们在生活和工作中，不能看到人家把什么事情做成功，就盲目跟着做，因为你未必能做得和人家一样成功。

好与差，怎么区分？对于物体来说，就是是否可以利用，可利用则为好，不可利用则为差。而且是，现在好未必未来就好，现在差未必未来就差，关键还是以能否解决当下的问题为判断依据。比如，你在沙漠中，对你最有用的就是水和食物，而非黄金珠宝，当你走出沙漠，黄金珠宝又成为最有用的了，所以我们要有辩证思维，天底下的事物没有什么是一成不变的，只要把当下的事情做好，才有等待转变的实力和机会。

对于职业规划而言，怎样才算是把自己的职业技能发展或发挥好呢？很多同学说看是不是能赚很多的钱，这个说法也对，毕竟赚钱也是一件比较难的事情，我们自己的钱也不会轻易被别人赚去，不然我们买东西怎么要"货比三家"？但是，能否赚到钱，也不是唯一的评价标准，还应把能否发挥自己的特长或专长，能否把自己喜欢的事情作为事业一直干下去，作为职业技能发展得好与差的判断标准。当然发挥自己的特长或专长也是可以赚到钱的。

每个人的价值取向是不一样的，没有唯一的评判标准，只要符合法律规定和道德标准，每个人能发挥自己的特长和才能就很好了。孔子的弟子颜回，能在贫困的生活环境中研究学问，并能找到自己的乐趣，《论语·雍也》中提道："贤哉，回也！一箪食，一瓢饮，在陋巷，人不堪其忧，回也不改其乐。贤哉，回也！"

我们也经常碰到有些人抱怨说："我没他那本事呀！我如果有他那样的本事，我也会发展得很好！"这些话，听起来很有道理，其实是谬论。什么是本事？按照百度汉语的解释，本事是指本领；技能，也就是说事业成功的人，是具备某个技能的，而其他人没有他那个本事或不具备应有的技能水平或水准而已。

那我们想提升自己的本事，需要不断学习和模仿，应当肯定学习人家是好事情，应该予以鼓励和倡导，问题是怎么学？首先，要去观察和收集那些成功人士的信息资料，分析他们的核心能力是什么，看看自己是否具备？如果核心能力基本具备，那就进入下一步。其次，你也可以效仿人家的成功经验，如果越做越开心、越做越喜欢，而且能坚持两年以上，那么你也许会成功地成为"他"，如果你越做越不喜欢或越做越累，那么我建议你放弃，另找学习目标。

那么为什么会出现那种越学习越不喜欢的情况呢，其实这个就是因为每个人的性格、秉性不同而已。俗话说"龙生龙，凤生凤，老鼠的儿子会打洞"，这说明了物种之间的不同之处。对我们人类而言，个体的性格、秉性对自己的发展也会产生重要影响。

前面也说了，个体的性格、秉性无所谓好坏，只要发挥自己的长处和优势就好，教育也是"因材施教，因人而异"，采取"一刀切"的教育则是失败的教育。就像我们每个人的五根手指头，虽然长短不一，但是非常灵活，我们可以用它弹出优美的钢琴曲，收拢手指可以形成强有力的拳头。

因此，我们在职业发展的路途中，不要盲目学习或模仿别人，要分析自己的核心能力，与你的目标岗位是否匹配，才能少走弯路。

四、职业生涯规划的三要素

职业规划，顾名思义就是对职业生涯进行持续性、系统性的计划和规划过程，包括一个人的学习、从对一项职业或组织的生产性贡献到最终退休。这里要注意，职业规划是一个过程，既然是过程就有可能根据实际情况进行调整，所以有句话很形象，"目标写在石头上，规划写在沙滩上"。

其次，规划落地才有意义或效果，否则那种挂在墙上的规划还不如不做。

怎么样才算是真正意义上的职业生涯规划？就是根据职业选择，从主观（你想干什么职业）和客观（允许你可以干什么职业）因素进行分析和测定，以确定自己的奋斗目标并努力实现这一目标。说得直白一点，职业生涯规划就是要根据自身的兴趣、特点、自身实际情况（可拥有或利用的资源），将自己定位在一个最能发挥自己长处或优势的位置，选择最能发挥自己能力和才干的职业或事业。

一个完整的职业规划，由职业定位、职业目标设定和职业通道设计三个要素构成。

（一）职业定位

定位是什么？其实很简单，就是我们确定要到达的方位（地点）。如果我们是开车去该地，但是对该地不熟悉、路线不清楚、路况不掌握，一般就用导航软件帮忙，时间、路线、方向、路况等一目了然，出行就顺利多了。

职业定位，就是把自己想干、能干、能干成的职业先做个定位，职业定位和导航定位原理上是一样的，但是本质上是不一样的。导航定位，是地理定位，"条条大道通罗马"，只是到罗马的时间不同而已，而且这个时间成本我们是计划在内的。但是，如果职业定位错了，大部分人是没有时间再翻盘了，因为时光不可逆流，往往就成了人生的遗憾。要完成自己的职业定位，必须明确自己的"职业锚"！没有弄清楚自己的"职业锚"，那基本就是"见一行，干一行；干一行，扔一行"的状态，关于"职业锚"，后面章节会有阐述。

在很多次，我给 HR 做培训，我问他们："你们单位员工离职最快时间是多久？"有回答 1 天的，有回答 3 天的，有回答一周的，有回答半个月的，等等，有位同学说："老师，我碰到离职最快的是 15 分钟，早上 10 点到人力资源部报到，10：10 去用人部门报到，10：15 又来人力资源部说要离职了，说这个工作不是自己想干的！"

第二个问题，我问："员工在 3 个月内离职，谁的责任居多？"有回答是企业的责任，有回答是 HR 的责任，有回答是用人部门的责任，等等。我认为"员工在 3 个月内离职"，大概率是员工自己的责任，因为他是适应不了这份工作才离职的。

这几年做高校招聘，总有 30%～50% 的学生会选择跨专业或转专业应聘，我问及原因，他们的回答大多是"高考填专业时不懂，随便填的""当初，家里亲戚认为这个专业好找工作""我这个专业是父母选的""我不喜欢这个专业，以后也不打算干这个"等，这样的求职基本是以失败告终。有一次，我在杭州做咨询专家时，一个毕业于某所师范院校的地球物理学专业的学生，当年没能考进教师编制，企业面试求职时也到处碰壁，在我这里做咨询时迷茫地流着眼泪，那种"毕业亦是失业"的现象让我感触极深。

我也曾调查和访问了数百名高校生，其中，"喜欢自己所学的专业"的学生不到 40%，大部分回答是"一般""还行""不知道"，这样的回答，让我觉得现在的学生对自己的职业规划认知是不清楚的。现在在读的专业不喜欢？那通常不会努力学，能够毕业即可！何谈"职业生涯规划"？殊不知，在职场里，当你睡觉的时候，你的对手在"磨刀"；当你开始"磨刀"的时候，你的对手已经"上路"了；当你"上路"了，你的对手已经占据了"制高点"。

也许，这个问题和我们现在注重分数的教育是有关系的。应试教育，造成了学生的"压抑"，在这种"压抑"的状态下，其一，他们第一反应就是"逃离"，所以对高考志愿关心程度并不高，家长怎么说就怎么填；其二，家长也不知道怎么填志愿，很多家长或亲戚根据自己的直观感觉或学校名气或就业时的社会关系网等主观意愿来填报；其三，某些学生尽管也做了类似"霍兰德职业兴趣测试"，但是测试结果缺乏专家解读和分析，致使越分析越混乱；其四，学校对学生的"职业规划"教育不足，中学生很少涉及，高考生对职业规划也是一脸"茫然"。

我的侄子大学毕业后，被一家上市公司录用，从事与其专业高度对口的工作，后来他自己又参加了浙江大学研究生考试，以优异的成绩被录取。他说自己非常想在专业上得到进一步提升，这个专业是他非常喜欢的。当年高考填写志愿的时候，他也是非常迷茫，他父母是做生意的，他也想做生意，但他又觉得自己不是特别喜欢，纠结得失眠了好几个晚上，后来专程从老家来杭州找我咨询，我和他谈了 2 个小时，发掘了他的兴奋点在"自己的研究领域"，我判断他应该从事研究类型的专业，推荐了"生物工程"，现在看来，是非常正确的。

前几年，也是在杭州的大型招聘会现场，遇到了一位非常困惑、非常迷茫的咨询者，一上来直接说："余老师，我想应聘做销售，你说我可以吗？"，我问了他几个问题后告诉他："你不能做销售，销售岗位不适合，因为你的'职业锚'与销售行业不符合，如果你一定要做销售，就算是坚持下去，也不会成功。"他非常吃惊地看着我，问我原因。他大学毕业后到温州一乡镇做基层公务员，后考上了某高校的马列主义思想专业研究生，研究生毕业后，没有考进体制内，企业一般也没有这个岗位，由于其性格内向、缺乏沟通能力，求职四处碰壁，最后给他哥哥开的三合板店管仓库，他也觉得自己"大材小用"，一直想"突破"和"证明"自己的才能。他一直也很纠结，到处找工作到处碰壁，销售好像是唯一能找到的工作。后来，我给他讲解了"职业锚"，并帮助他设计了专业发展路径，现在这位同学发展得很好。

企业 HR 在选人的时候考虑的"人岗匹配度"，除了要测试面试人的专业知识，还要对面试人进行相关的性格测评和稳定性测试，不同职业需要不同性格的人。不同职业具有不同的胜任力模型，因而对从业者性格和能力的要求各不相同。比如，你要从事"研发岗位"，就必须具备应有的能力或特质，了解岗位的专业知识，有实践技能、认真严谨的性格，时时学习创新。如果你要从事"销售或市场营销岗位"，就必须具备"成就动机、韧性、客户导向性、人际敏感性和说服力"。大家发现没有，这两个岗位的要求和特征是不一样的，所以当有求职者说"我什么工作都可以胜任"，那是不可能的。

我们找什么样的工作，或未来你想从事什么样的工作，我们必须搞清楚以下几点：①职业兴趣——你想做什么？②职业性格——你适合做什么？③职业能力——你能做什么？"想得到不等于做得到，能够做不等于愿意做"，所以说职业性格是习惯意愿，而不是能力水平。

大学生毕业后，从初入职场到一般意义上的成功，通常要经历三个阶段，即初始阶段、发展阶段、优秀阶段，不同阶段，其因素不尽相同。职场初始阶段，靠"胆识＋师傅"；职场发展阶段，靠"技能＋态度"；职场优秀阶段，靠"性格＋兴趣"。

"十年寒窗磨一剑"，剑锋所指必然是大学毕业后自己想从事的工作。专业选择，就是我们职场之路的"剑锋"。学生要根据自己的"核心价值（我喜欢做什么？我想要做什么？）""核心竞争力（我善于做什么？）""责任点（这个世界让我做什么？）"来进行综合判断和选择。不要做"沙漠中的千里马"。

（二）职业目标设定

估计很多同学看到这个题目以后，又会有疑问了，职业定位和职业目标有什么区别？比如，你要在杭州买经典的花园小洋房，那么位于杭州市三墩镇的金地鹭影轩小区，是值得推荐的，鹭影轩就是定位，全球都可以搜索得到。

而鹭影轩有好多栋花园小洋房，你究竟喜欢哪一栋房子呢？有靠河边的，有位于小区中间的，这要看每个人的喜好了，靠河边的视线好，但会受到噪声干扰，位于小区中间的视线一般，但是比较安静，这就是你对房子需求的定位。而且，每栋房子位置不同价格也不一样，一般情况下，靠近河边的最贵，位于小区中间的最便宜。

每栋花园小洋房有五层，一楼带有花园和地下一层，二楼无花园但带有地下一层，五楼有带顶层和大露台，三楼和四楼是大平层，每层价格均不一样，价格是一楼最贵，其次是五楼，再次是二楼，后面依次是三楼和四楼。

你会选哪栋房子？会选几层的房子？我估计很多同学会说，那肯定是选择靠近河边一楼的房子最好呀，既有好的视野，也有花园，地下还有一层自己的空间，但是这个房子是最贵的，你得有这样的资金实力购买才行。因此，怎么买鹭影轩的花园小洋房，要看资金实力和实际需求等综合判断。这就是对买房的目标定位，不能一味求最好。

我们可以先明确职业目标，在众多职业种类中找到适合自己的，俗话说"360 行，行行出状元"。

根据现行的，由中华人民共和国国家质量监督检验检疫总局和中国国家标准化委员会在 2017 年 6 月 30 日联合发布，于 2017 年 10 月 1 日起实施的《国民经济行业分类》（GB/T 4754—2017），20 个职业大类分别是：农、林、牧、渔业，采矿业，制造业，电力、热力、燃气及水生产和供应业，建筑业，批发和零售业，交通运输、仓储和邮政业，住宿和餐饮业，信息传输、软件和信息技术服务业，金融业，房地产业，租赁和商务服务业，科学研究和技术服务业，水利、环境和公共设施管理业，居民服务、修理和其他服务业，教育，卫生和社会工作，文化、体育和娱乐业，公共管理、社会保障和社会组织，国际组织。

根据《中华人民共和国职业分类大典》，我国职业分为 8 个大类（党的机关、国家机关、群众团体和社会组织、企事业单位负责人，专业技术人员，办事人员和有关人员，社会生产服务和生活服务人员，农、林、牧、渔业生产及辅助人员，生产制造及有关人员，军队人员，不便分类的其他从业人员）、75 个中类、434 个小类，共计 1481 个职业。

根据《普通高等学校本科专业目录》，目前我国的大学总共有 12 个学科门类，包括哲学、经济学、法学、教育学、文学、历史学、理学、工学、农学、医学、管理学、艺术学。职业教育总共有几百个专业，这些专业分布在 19 个大类中，包括农林牧渔、资源环境与安全、能源动力与材料、土木建筑、水利、装备制造、生物与化工、轻工纺织、食品药品与粮食、交通运输、电子与信息、医药卫生、财经商贸、旅游、文化艺术、新闻传播、教育与体育、公安与司法、公共管理与服务。

选择某一专业后还要继续深造读硕士、读博士，基本是你学哪个专业，毕业后就是从事相对应的职业，而且不同的行业也会有同类职业，比如财务会计专业，各个行业都有和这个专业相关的职业。

因此，同学们应先选定专业，也就是先确定职业目的，至于要选什么行业，这个要根据毕业时候的具体情况分析。各个行业会随着社会经济周期的变化而变化，比如房地产行业，前几年非常热门，随着国家对房地产的调控和经济的走低，房地产行业的就业前景大不如前，那同学们就业就得慎重考虑这个行业了。

那么，面对如此纷繁复杂的专业，我们怎么选择其中一个作为自己的职业目标？其实是简单的，加上军事学及交叉学科，目前我国大学专业共有 12 个学科门类，即哲学、经济学、法学、教育学、文学、历史学、理学、工学、农学、医学、管理学、艺术学。

大学专业再简单一点的分类，可以按照"文科、理科和工科"进行分类，具体分类如下：

文科专业分类主要包括有哲学、经济学、法学、教育学、文学、历史学、管理学和艺术学等。哲学包含哲学、逻辑学、宗教学、伦理学等专业；经济学有经济学、经济与贸易、财政学、金融学等类别；法学有法学、政治学、社会学、公安学等类别；教育学包含教育学、体育学；文学包含中国语言文学、外国语言文学、新闻传播学几类，其中有汉语言文学、小语种、新闻、广播电视、广告、传播学等专业；历史学有历史学、考古学、文物保护技术等专业；管理学有会计学、工商管理、市场营销、财务管理、公共管理、人力资源管理等专业；艺术学有美术学、设计学、戏剧与影视学等专业。

理科专业分类主要包括理学、工学、农学和医学等，理学包含数学类、物理学类、化学类、天文学类、地质科学类等学科；工学有地质类、材料类、机械类、电子信息类等学科；农学有植物生产类、自然保护与环境生态类、水产类等；医学有基础医学类、公共卫生与预防医学类、中医学类等。

工科专业分类主要有地质类、材料类、机械类、电子信息类等多个学科，具体专业如地质矿产勘查、应用地球物理、石油工程、采矿工程等。

有些专业是文理兼收，比如会计、审计、人力资源管理等。在进入大学后，文科和理科的课程设置会有显著差异。例如，文科专业中的日语专业几乎不需要学习高等数学和数据库等课程，而理科专业如计算机科学则需要这些课程。此外，不同学科在研究方向和就业方向上也有所不同，文科专业更多涉及人文社会科学领域，而理科专业则更多涉及自然科学和技术领域。

当然，现在不太强调文理分科了，但是在做职业目标选择设定的时候，还是可以以文理作为区分。学生在高中阶段已经有侧重地选择了某些学科，特别对拟考取大学专业有学科要求限制的，需要特别注意。

2024 年，我表弟的儿子参加了浙江省高考，揭榜后成绩是 601 分，数学 117 分、语文 115 分、英语 108 分、物理 86 分、生物 86 分、化学 89 分，这个成绩可以上浙江省很多排名靠前的高校，还可以报省外的 211、985 高校，但是在填报具体志愿的时候还是非常纠结，我表弟一家三口在那段时间对于读什么学校读什么专业各执己见，父子关系也一度僵持，我表弟觉得儿子不听话，他儿子觉得老爸啥也不懂就胡乱建议。

后来，我的弟媳建议父子俩听听我的建议。我先问他们有什么想法，我表弟说："就两条路，要么填报省外的 211、985 高校，比如新疆石河子大学，要么再复读一年冲刺浙江大学。"我侄子说："第一不可能复读，我就这点能耐了，再来一年也未必能考得更好，第二不想去省外，新疆那么远，不一定非要读 211、985 高校。"

我和他们说："你们填报志愿陷入了一个误区，不应先选学校，而是应该先选择专业，再选择学校。"在他们父子认可我的观点后，我问他们想选择什么专业。这个问题把父子俩问得一脸茫然，他们根本没有分析我侄子的性格、兴趣、志向及相关专业就业方向等，仅仅是根据他性格偏内向就一味地查找建筑设计、工业设计或机械自动化、计算机科学等专业。

我就问侄子："你们原先选的这几个专业，你自己是否喜欢？或者你知道这些专业的职业方向吗？"侄子很茫然地摇摇头。我问表弟："这几个专业现在的就业情况怎么样？"我表弟也摇了摇头。

对上面这两个问题，估计很多同学会说，以后还会考研究生，本科阶段的专业不是很关键，即使填错了也没关系，这话貌似也没错，但是本科四年读自己不喜欢的专业，每天度日如年，你还有心思备考研究生吗？

我表弟说："如果他不喜欢现在的专业，可以换专业啊。"我反驳了他，因为我知道在大学换专业很难，竞争有多激烈呀，而且还未必能如愿以偿。（编者注：目前，实际情况有所变化，许多大学已开放选择专业，换专业难度大为降低。）

我同事的儿子，高考分数刚好够上杭州某大学，但是不够理想专业的分数，就"委曲求全"填报了"医学专业"，结果发现"医学专业"根本不是自己想象的那样，过了一个学期开始讨厌上课，慢慢发展成了上课恐惧症，勉勉强强上了一学年就要转原先自己想报考的"历史学专业"，费了九牛二虎之力，过关斩将才脱颖而出顺利转入"历史学专业"，本科毕业后也顺利考取了"汉语言文学"专业研究生，应该来说，他是比较顺利的，也是比较幸运的。但是不幸运的例子也很多，80%的学生完成不了专业的转换。

所以，很多事情，不是我们自己拍拍脑袋想想的，如果事情那么容易，那么"祝你顺利"这句话就不应该存在了，因为每个地方或每件事情都有它的规则，我们普通人最好是顺应它的运行规则，要逆规则而行，难度可想而知。

我和侄子聊了大半天时间，聊到了他对什么方面的事物感兴趣、喜欢看什么书籍、把谁当成自己的偶像、想象未来的生活样子、为什么不赞同父亲的要求、自己的真实诉求，等等。尽管我没要求他做霍兰德测试，但也基本掌握了他的相关信息。

我认为小伙子侧重于理工科，一是因为他不喜欢和人打交道，喜欢搞自己的学习或小研究，比如，他觉得做班主任是个非常累的工作，他是无法接受这种工作的；二是因为他很喜欢心理学，高中阶段在课余时间看了很多心理学的书籍，喜欢心理学可以防止自己被人利用，说明他的风险意识比较强；三是他喜欢收入高的职业，父母都是普通工薪阶层，希望自己在经济收入上更可观一点；四是认为自己有点胖，不希望身体劳累，最好是能在写字楼工作；五是因为他的数学特别好，希望能发挥他的数学特长；六是大学要好一点，对自己以后考研究生有帮助；七是食堂好一点、宿舍好一点的学校。

挖掘了小伙子的主要性格、学业规划、职业诉求等，基本大学专业就可以确定了，首先，工科领域，可以暂时不用考虑，因为工科毕业的人才需要慢慢培育，靠自己学习考证，如果不到一定的职级，高薪酬难以保证；其次，商科领域，也可以暂时不用考虑，因为商科需要与人打交道，需要较强的沟通能力，他不具备这样的能力。这样，我给他的规划可以发挥数学专长、可以搞研究还不需要很强的沟通能力，能在写字楼上班，薪酬还可以，这样目标就缩小到了数据分析、会计、财务管理等专业。

把专业选好了，再根据他的考试排名（侄子高考成绩在浙江省排名5.2万名左右），以及相关专业在去年高考录取的排名，再最终确定学校。当时，共选择了杭州、上海、南京等地的相关高校，最终被位于杭州的浙江某大学数学与统计专业录取。最近小伙子还和我联系，说自己选择了这个专业，现在学习非常开心，而且宿舍和食堂也很喜欢，图书馆也很好。当然，小伙子学习和生活很开心，他爸爸妈妈自然也开心。

巴菲特对投资有个所谓的"能力圈"原则，就是指围绕自己最熟悉的领域进行投资的方法，强调投资人需要具备对选定企业进行正确评估的能力，也就是说"能力圈"原则强调将投资限定在自己能够理解的公司范围内，通过阅读财报、研究公司的赚钱模式和可持续竞争优势等，逐步建立自己的"能力圈"，由此，投资者需要清楚地知道自己的能力边界，避免投资超出自己理解能力和公司范围，这样就有助于提高投资效率，避免因市场情绪波动等因素做出不理性的投资决定。

其实我给我侄子填报高考志愿的建议，也是运用了"能力圈"原则，行事一定要在自己的认知范围内，清晰地界定自己的能力范围，避免盲目从众或做一些自己不理解或迷茫的事情，说白了就是知道自己"要什么"和"不要什么"。这个世界上的大部分成功人士，不是说人家运气有多好，而是人家可以把握运势，怎么把握运势，就是不追求自己能力范围外的事情，不干自己不懂的事情，只干自己懂的事情，发挥自己的强项。如果欲望超过能力，就是悲剧的开始！

我上小学的时候读过《龟兔赛跑》，这个故事中的兔子对此次赛跑不重视，在比赛中睡大觉，结果乌龟赢了比赛，这个故事告诫我们做事做人不能大意，要认真做事、做人。我想借这个故事，提一个问题，假设你是乌龟，你会和兔子赛跑吗？我想很多人都会说，乌龟怎么能跑得过兔子呀。是的，拿这个动物一比较，我们就一目了然，知道乌龟肯定跑不过兔子，但是在我们的工作、生活、学习中，我们往往容易犯这种拿自己的短板或劣势去比拼人家的长板或优势的错误。

有几次，我给家长们上"高中生职业规划"辅导课程，总是听到家长们焦虑地讨论怎样把孩子的英语分数从 40 分提升到 80 分、怎样把数学成绩从 60 分提升到 100 分、怎样把语文成绩从 70 分提升到 110 分。家长焦虑后，就把这个压力传导给了自己的小孩，那么小孩子累不累？我相信，没有哪个孩子参加课外辅导是不累的，为什么会累？估计大部分同学会说："学习是很费脑的啊，当然会很累！"

其实不然！我们好好回忆一下，你学哪门功课时会觉得很有趣，觉得有趣会怎样？你就会主动钻研了，那么这样的学习会累吗？不但不会累，你还会为此废寝忘食呢。当家长逼着你学某门功课的时候，你会有那种生不如死的感受，说明这方面就是你的短板，要么强迫自己攻克，要么转换方向攻克自己喜欢的技能或功课。就像我们强迫乌龟参加赛跑，为了提高乌龟的赛跑技能，就算把乌龟扔在操场上，省出吃饭的时间，每天训练 18 小时，乌龟有可能达到兔子的速度吗？

当然是不可能的，因为乌龟压根就不是赛跑的料。什么动物适合赛跑？首先是四肢要修长，腿越长越适合跑步，其次是身材要匀称，不能胖也不能瘦。因此，类似乌龟、鳄鱼、猪等这样的动物就不适合跑步。

自己的小孩在考试中，没有考好或成绩上不去，家长往往认为他学习不努力。用"只要功夫深，铁杵磨成针"来指导学习和职业规划仅仅是对了一半，因为做任何事情不努力肯定不会成功，但是努力也要选对方向才会成功，这个方向就是要发挥自己的优势或长处。

这位同学，本来是一名可以拿奥运冠军的长跑运动员，家长却逼着他学奥数，那结果肯定是奥运冠军也没戏，奥数也没学成。有一部叫《顺子加油》的国产电影，建议学生和家长都去看看，我认为是一部非常好的电影，电影是以中国国家田径队马拉松项目运动员、云南大理姑娘张德顺为原型改编的，是一部反映青少年通过不懈努力追逐自己的跑步梦想、最后走上赛场和领奖台的故事，该影片故事原型张德顺是第 30 届世界大学生夏季运动会女子 10000 米冠军、2020 年东京奥运会中国体育代表团田径项目运动员、中华人民共和国第十四届运动会女子 10000 米、女子马拉松双料冠军、女子 5000 米亚军。

（三）职业通道设计

很多人对职业通道设计是很迷茫的，说："这个通道又不是我能掌控的，再说我家也没啥人可以帮我，这个通道设计岂不是白搭？"此言差矣，了解了职业通道的设计，就可以让自己更加专注于自身未来的发展方向并为之努力。"条条大道通罗马"，这就好比说罗马是我们此行的目的地，怎么到罗马？这个就是要根据自己目前所拥有的资金、时间及路程上的预期等，进行设计，并按这个设计的路程路线做好计划并执行，如果时间很紧张，那么就设计乘坐飞机；如果时间非常宽裕又想领略海洋风光，那么就是设计乘远洋邮轮；如果想领略北欧风光，那么就设计乘欧亚大陆火车，再或者设计综合线路。

一般而言，职业发展通道的模式主要分三类，即单通道模式、双通道模式和多通道模式，按职业性质又可分为管理性职业通道、技术性职业通道和技能性职业通道，如下图：

职级体系

职级体系（旧）							职级体系（新/技术为例）	
专业职级		称谓	技术	产品/项目	市场	专业	专业职级	专业称谓
六级	6-3	权威	↑	↑	↑	↑	17	17级工程师
	6-2							
	6-1							
五级	5-3	资深专家					16	16级工程师
	5-2						15	15级工程师
	5-1							
四级	4-3	专家					14	14级工程师
	4-2						13	13级工程师
	4-1						12	12级工程师
三级	3-3	骨干					11	11级工程师
	3-2						10	10级工程师
	3-1						9	9级工程师
二级	2-3	有经验者					8	8级工程师
	2-2						7	7级工程师
	2-1						6	6级工程师
一级	1-3	初做者					5	5级工程师
	1-2							
	1-1						4	4级工程师

（上图摘自2023年11月13日德锐咨询合伙人刘刚直播分享的《如何设计员工职业发展通道》）

具体的职业通道设计，还得根据自己的专业、行业性质、企业性质和业态模式来进行。一般而言，理科和工科类型的专业人才，走技术性职业通道和技能性职业通道的比较多，商科类型的专业人才走管理性职业通道的比较多。但是无论是哪种专业性人才，发展到一定阶段，一般也是按照双通道模式或多通道模式发展。按照职业发展路径的一般经验，30岁之前以单通道模式为主，30~40岁会开启双通道模式，40岁以后会有多通道模式供你选择。

无论是哪种模式，首先，我们得进入某个职业领域。有人说："我的愿望是为人民服务"，那么首先应该选择进入公务员队伍或国企队伍，再经过自己的努力，达到自己的目标。

五、职业生涯规划对人生的意义和作用

前面讲了很多职业生涯规划的内容，其实都脱不开古希腊哲学家柏拉图的灵魂"三问"，即"我是谁？""我要到哪里去？""我怎样到达那里？"。

"我是谁？"，就是自己对职业生涯的必要认知；"我要到哪里去？"，就是自己对职业生涯的探索认知；"我怎样到达那里？"，就是自己对职业生涯所具备的条件和准备条件的认知。

对于学生而言，要厘清这"三问"需要再具体分析，厘清 5 个问题：第一个问题，我们如何识别自己的兴趣和天赋？第二个问题，我们如何把自己的职业或事业成就与这个社会、这个世界联系起来？第三个问题，我们如何在身边所拥有的各种各样的资源中得到职业信息加以利用，并规划自己的生涯规划？第四个问题，我们如何熟悉所学课程和相关项目，并做好自己的学业规划？第五个问题，理解学习是一个伴随终生的过程，我们如何做到终生学习？

作为从事多年企业 HR 工作的人，我从自己的人生历程和工作经验出发，和大家聊聊职业生涯规划对人生的意义和作用。人生就是一个不断抉择的过程，而且人生的选择又有多样性，这就需要我们在面临抉择的时候，知道怎样做。每次选择通常有多个选项，每个选项背后又有多个理由，每次从众多选项中做出正确的选择，都是在为后续的成功奠定基础。人生选择是不可逆的，时间是不可逆的，"种瓜得瓜，种豆得豆"，今天的你是什么样，取决于你昨天的选择！

《礼记·中庸》中提道："凡事豫则立，不豫则废。言前定则不跲，事前定则不困，行前定则不疚，道前定则不穷。"毛泽东在《论持久战》中也曾引用"'凡事豫则立，不豫则废'，没有事先的计划和准备，就不能获得战争的胜利。"这个"豫"是指事先作好计划或准备，也就是说做任何事情如果没有事先做好计划或准备，是不会成功的。试想"病急乱投医"会有什么样的结局，基本上会出现我们不愿意看到的结局。

那"急中生智"怎么解释呢？这个"智"只是应急当下的灵感而言，不能当成"慧"，"慧"只能是在"静能生慧"情况下产生。因此说，"智"和"慧"两者完全不一样，"智"不带"心"，即不动心，也不动神，"智"拆开来说就是"知日"，意思就是说它研究的是看得见、摸得着的东西，是事实存在的，凡是肉眼凡胎的人都可以讨论的学问叫"智"，因此有俗语"智者千虑，必有一失"。而"慧"字带心，此字上面是两个"丰"，说明"慧"有极其丰富、无穷无尽之义，"慧"中间象征着一种"拐弯回归"的哲学，如同《道德经》中提到的"物壮则老"。

以前在城市街头有一类人，叫"流浪汉"，现在基本没有了。为什么叫"流浪汉"？因为"流浪汉"这一称呼是与他们的生活状况相关的，这类人没有固定住所，也就是居无定所的人，今晚住在这个街头，明晚住在那个桥洞，后天睡在某个公园的长椅上，他们自己也不知道。自己明天会在哪儿，就像水在不停流动，没有明确目的或目标，因地势而流动罢了。在今天的网络文化中，还出现了"网络流浪汉"一词，被用来形容那些在网络上无所事事的人，在各种网络应用中闲逛，最终浪费了自己的时间。那我们的人生，如果没有目标，那与"流浪汉"又有何异呢？

高二阶段的学生，应该根据自己的实际学业情况，综合分析自己的性格、价值取向等，明确自己拟考取的大学及专业，并为之努力学习，为自己的职业生涯打下坚实的基础。

六、高中生职业生涯规划的重要性和意义

美国政府在 1974 年制定了《生计教育法》，在 1994 年美国通过了《从学校到工作机会法案》，这两个法案强调了职业生涯教育在美国教育中的地位。1989 年美国政府又颁布了《国家职业生涯发展指导方针》，明确提出从 6 岁开始进行职业生涯规划教育。

美国政府的这三个关于职业生涯的法案，明确认为职业生涯规划教育宜早不宜晚，中学阶段尤为关键。在意识层面，明确提高了学生的职业意识、提升了学生的探索兴趣，对学生的未来规划和为进入某一职业做准备有着积极的意义。在教育模式上，形成了以学校为中心的生涯教育课程模式和以校外教育为中心的校外模式，并计划从 6 岁开始介入，基于各自的职业选择，探索他们渴望的生活风格。

日本中央教育审议会在 1999 年的"关于改善初等、中等教育"报告中首次提出了职业生涯教育理念，并随后通过一系列政策法规促进其推广与落实。日本强调从小学就开始实施职业生涯规划教育，把职业生涯规划教育分为职业指导、前程指导和职业生涯教育三个阶段。到了高中阶段，就推出职场体验活动，以实习的形式体验社会活动，并颁布了《中学职业生涯教育指南》，将职业生涯指导正式列入日本学校的教育计划。

日本从小学阶段就开始对学生实施职业生涯规划教育，旨在帮助小学生了解自己的兴趣和能力，为未来的职业选择和人生规划打下基础，这种教育模式不仅关注学生的学习成绩，还注重培养学生的非学习能力，并通过实践活动让学生体验不同的职业领域。学校也会定期举办家长会，鼓励家长参与孩子的职业规划过程，这种职业教育模式贯穿整个义务教育阶段，对学生的未来发展起到非常积极的作用。到大二阶段，就可以找工作开始职业实践，这在日本叫作"内定"，也就是公司在学生毕业前会确定其就业意向，这样大学生毕业后步入职场就会很顺利。

在中国，学生的职业规划，往往是从高二阶段开始，而且是集中授课的模式。在现行的高考机制下，高中阶段的核心目标是备战高考，提高高考成绩，高二、高三的学生基本没有时间参与社会职业体验，大多数高中生对自己的职业规划理解不足，处于懵懵懂懂的状态，能了解一些信息的学生就算是不错的了。

那么学生家长对职业规划又懂多少？据我了解，对孩子有清晰的职业规划的家长占比很低。很多企业的 HR 是我的学生，也没有真正理解职业生涯规划，为什么这么说呢？每年在填报高考志愿的时候，我的很多学生，就来问我："余老师，我想给我家小孩填报这个专业，你觉得这个专业未来就业情况怎么样？"说出这句话的，就是不懂职业规划的家长了。

我认为，高中生的职业生涯规划现状是"学校老师不全懂、家长几乎不懂、学生懵懵懂懂"，再加上高考看重分数，导致高中阶段的职业规划不被重视。

我曾经担任《青年时报》HR 顾问，有一次我接到《青年时报》转过来的读者的一封信，该读者说他快50岁了，儿子上高三，他与妻子、儿子和父母居住在20世纪80年代仅60平方米的老房子里，他现在在一家超市做理货员，薪酬收入用来给儿子上学都感觉很吃力，想向我请教，他在这个年龄段是否还有翻盘的机会了，如果有，该怎么做？

我拿到这封信以后，很感慨，不是感慨自己，而是感慨这样的人还是蛮多的，我们也经常听到"如果当初……现在就不至于……"这样的声音。这归根结底，就是面临人生选择的时候，或许我们选择了比较平坦的路，或许因迷茫且无人指点，或者被眼前各种事物利益诱惑，或许想得过且过，等等，最终导致蹉跎岁月。

随后我联系了这位读者，得知他初中毕业后就在不同的经济组织做零工、小工，平时爱好就是喝酒和打麻将。基于此，我从自己的专业角度出发，对他说："你现在要翻盘的可能性基本是没有了，给了他如下理由。"

第一，50岁通常是处于职业生涯的末端了，也就是说开始走下坡路，职业生涯是在每个阶段做该阶段应该做的事情，一般来说，22岁之前是学习阶段，在学习阶段就应该好好读书，学习更多更丰富的知识；22~30岁是技能和专业投资阶段，在这个阶段已经步入职场，要在自己的工作技能和专业上进行学习和投资；30~40岁是管理技能和沟通技能的提升阶段，在这一阶段，很多人已经是小领导或成长为中高层领导了，这个阶段更多会用到管理技能和沟通技能；40~50岁是财富积累阶段，这是人生财富快速积累的阶段。因此说"这辈子的财富基本上在40岁就能看出来"是有道理的。但是这位读者在他人生的每个阶段，都没有做自己应该做的事情。

第二，没有翻盘的技能。喝酒和打牌，权做消遣或打发时间的手段而已，而人生或职业成功往往要利用时间淬炼技能。试想，如果喝酒、打牌、打游戏，能够让人成功，那岂不是人人都这样？成功人士，在这个社会上仅占极少部分人而已，而且这部分人的成功，都是靠自己拼搏出来的，而非坐享其成。

当然，也有人会说，50岁怎么就可以盖棺论定呢？你怎么就知道人家不能翻盘呢？这个批评，我也接受，因为任何事情都不是绝对的，但是上面所说的这位读者，翻盘的概率又有多大呢？也许仅能靠他的运气了，比如中彩票，或者能在牌桌上遇到人生中的大贵人。

大家也希望遇到人生的贵人，那么谁又是你的贵人？我们人生的贵人，无非有这 10 类，第一类是"无条件力挺你的人"，是因为他相信"你"这个人，他接受你；第二类是"愿意唠叨你的人"，是因为他关心你、在意你，希望你可以少走冤枉路；第三类是"愿意和你分担分享的人"，就是那种愿意陪你一起度过风雨的伙伴；第四类是"教导及提拔你的人"，是因为他看到你的好，提拔你；第五类是"愿意欣赏你的长处的人"，是因为他愿意让你超越，不担心你会对他造成威胁；第六类是"愿意成为你的榜样的人"，是因为他具有实力和谦虚的性格；第七类是"愿意遵守承诺的人"，是因为他相信你的承诺；第八类是"愿意一直相信你的人"，是因为他不会放弃你；第九类是"愿意生你气的人"，因为他在乎你；第十类是"愿意为你着想的人"，是因为他把你当成真正的朋友。

这个世界上真正的贵人是你的父母，只有父母才会无怨无悔地包容你的一切，给予你他们的全部。上述十类贵人，我们用逆向思维来理解一下，是不是可以理解为，你的"贵人"在于你自己拥有什么？再说得直白一点，就是你拥有的是否可以成就你的"贵人"？如果你什么也没有或不具备，人家找你干什么？可能是将你当作了"布施"对象，古往今来，莫不如此！

上述求助的那位读者，他所拥有的就是会打麻将和会喝酒，可想而知，会在他人生中出现的"贵人"也是这个圈子里的人，否则不在这个圈子里的人，也不可能"意识"到他有喝酒和打麻将的"技能"。其次，在他 50 岁时所拥有的核心竞争力是干活的力气，但是这种核心竞争力，在社会上比比皆是，是比较廉价的资本，那他又有什么可以与人家比拟的呢？特别是在身强力壮的年轻人面前，他所拥有的核心竞争力立即就被碾压了。超市为什么还在雇用你，无非就是你要求的薪酬工资比身强力壮的年轻人低一点而已。

或许又有人说，那刘备在46岁时还一事无成，最终不也成了蜀国的一方霸主。那你是不了解刘备，刘备自小家道中落，靠卖草鞋为生，但是他却心怀大志，一路为自己搭桥铺路，积累了人脉，而且他从未放弃自己的理想信念，并为之一直努力奋斗，最后夺了益州成就霸业建立蜀国，做了昭烈皇帝。

第三篇 3

工作表现与工作能力的密码

一、工作表现优与劣的密码

工作表现是组织评估和衡量员工绩效标准的重要标准之一。也就是说，一个员工能否被组织欣赏，主要还是看他的工作表现。

那么什么是工作表现？工作表现的密码又是什么？直截了当地说，指的是一个员工在工作中所展示出来并让组织看到的现象（如解决和处理问题的能力，或者创造价值的能力）。怎样才算是优良的工作表现？我们必须切记，仅凭努力是远远不够的！

你的优良工作表现，取决于职业性格特征、专业技能、胜任力三者的结合，缺一不可。

（一）职业性格特征

职业性格特征是人们在长期特定的职业生活中所形成的与职业相联系的、稳定的心理特征。从心理学角度讲，我们的性格特征是指一个人在情感、行为和思维上的稳定倾向。职业性格特征是选择职业时必须考虑的第一个问题，而且是至关重要的问题，我们唯有了解了职业性格特征，才可以更好地匹配符合自身性格和兴趣的职业（工作岗位）。职业性格特征通常有以下 5 大类：

（1）外向性的职业性格特征，该特征对应的职业通常需要从业者具备对外交往的能力，如销售、市场营销、公关等。

（2）内向性的职业性格特征，具备该特征的从业者通常倾向于在独处的环境中工作或在安静的环境中才能做得更好，如编程、写作、研究等工作。

（3）开放性的职业性格特征，具备该特征的从业者通常需要具备较高的开放性，同时富有创造力和想象力，能积极探索和创造，如从事艺术、设计、科研等工作。

（4）情绪稳定性的职业性格特征，具备该特征的从业者通常需要有控制情绪和保持冷静的能力，并具有良好的抗压能力，如紧急服务、医疗、高级管理等行业。

（5）高责任心的职业性格特征，具备该特征的从业者需要既可靠又细心，能严格遵守规则和标准，如会计、审计、法律等职业。

上述只是将职业性格特征进行了大致分类，不同的行业岗位还要具体分析，有些职业岗位与职业性格特征是高度重合的，如远洋作业人员，他们的职业性格特征主要包括"自律、严谨、守纪、服从、理性"等。这些性格特征的形成与远洋作业人员的职业环境密切相关，长时间在海上工作，面对复杂的环境和不确定的因素，需要高度自律，严谨地应对各种挑战，他们通常要严格遵守规章制度，保持高度的责任感和纪律性，以确保航行安全。此外，远洋作业人员还需要具备独立解决问题的能力，因为他们在远离陆地的情况下，需要依靠自己的判断和决策来应对各种突发情况。

（二）专业技能

专业技能，通俗点讲就是我们个人在某个领域或行业或岗位中所具备的特定专业知识和技能，这个特定是为了能完成这个岗位的工作所必须具备的。某些专业技能需要天赋，还有些专业技能需要系统的教育、培训或是长期的实践进行积累和提升，马尔科姆·格拉德威尔提出的"1万小时定律"是颇有参考意义的。

专业技能在个人的工作表现中发挥着重要作用，这个就好比是士兵在战场上拿什么武器和敌人战斗，武器不对等，往往要付出惨重的代价才有可能取胜，而且取胜的概率不大，即使胜了也是惨胜，若武器先进，战胜概率便大大增加。同理，我们在职场奋斗，我们所拥有的专业技能对竞争对手是降维打击，那我们在工作中也更易脱颖而出。

当然，专业技能也是要与时俱进的，要随着时代和社会的变化而不断迭代升级，否则就成了"缘木求鱼"（《孟子·梁惠王上》）。

前面所说专业技能，是为胜任工作岗位而所应具备的技能，因此其是具有特定性的。显而易见，个人所具备的专业技能并不能适应所有专业，这点也比较容易理解。

"庖丁解牛"（《庄子·养生主》）说庖丁解牛的手法非常娴熟自然，"手之所触，肩之所倚，足之所履，膝之所踦，砉然响然，奏刀騞然，莫不中音"，诚然，庖丁解牛的专业技能堪称一流。

宋代文学家欧阳修在《卖油翁》中写道："陈康肃公（尧咨）善射，当世无双，公亦以此自矜。尝射于家圃，有卖油翁释担而立，睨之久而不去。见其发矢十中八九，但微颔之。康肃问曰：'汝亦知射乎？吾射不亦精乎？'翁曰：'无他，但手熟尔。'康肃忿然曰：'尔安敢轻吾射！'翁曰：'以我酌油知之。'乃取一葫芦置于地，以钱覆其口，徐以杓酌油沥之，自钱孔入，而钱不湿。因曰：'我亦无他，惟手熟尔。'康肃笑而遣之。"此与庄生所谓解牛、斫轮者何异？

上述的庖丁与卖油翁比较一下谁更厉害？庖丁与卖油翁的技能是不同的，当然是不能相比较的。故有"三百六十行，行行出状元"之说，不同行业对专业技能的需求各不相同。

（三）胜任力

胜任力，最早由哈佛大学教授麦克利兰于1973年提出的，是指能将某一工作中有卓越成就者与普通者区分开来的个人的深层次特征，是判断个人能否在该岗位上做出成绩和评价工作绩效的直观依据，它不仅反映了个人在特定工作场景下的工作表现能力，还为企业提供了人才选拔、培养和激励的评价依据。

我们不能混淆"能力"和"胜任力"这两个概念。能力，是指做或完成某项事情的才能，个人的能力有大小，自己没有能力，可以利用个人所拥有的资源或人脉关系，照样可以完成既定任务或目标；胜任力，是指从事某项工作或担任某个岗位所具备的技能，胜任力只能是讲匹配度高与低，匹配程度越高，则个人能够产生的绩效就越高，匹配度越低则相反。

如何评价胜任力的高与低？前面也讲了林黛玉的故事，我们再次拿来一用。

美国心理学家斯班瑟，在 1993 年提出了素质在个体特质中扮演深层且持久的角色，而且能预测一个人在复杂的工作情境及担任重任时的行为表现。此后合益集团提出了与职位相对应的胜任素质模型。胜任素质模型是指能与参照效标（优秀的绩效或合格绩效）有因果关系的个体的深层次特征，其包括三个方面的含义，即深层次特征、因果关系和效标参考。

深层次特征，是指个体潜在的特征，其能保持相当长一段时间在不同情况和工作任务中，进行其特有的行为或思考方式，深层为动机、特质、自我形象、态度或价值观，浅层为知识和技能，这个就是我们平常所说的"冰山模型"；因果关系，即"意图—行为—结果"，从心理学角度来说，动机、特质、自我概念和社会角色是可以预测个人的行为或行为反应，而行为反应方式又会影响工作绩效；效标参考，是指判断个人绩效优劣的依据。

二、工作表现优异的秘诀

我们在前面讲到龟兔赛跑的故事，再结合上述讲的胜任力模型，同学们是否懂得了乌龟为什么不能当赛跑运动员了？哪怕是乌龟每天只睡 5 小时，剩余时间除了吃饭都用来训练，能把它训练成赛跑运动员吗？

赛跑运动员的胜任力模型是怎么样的呢？其实很简单，赛跑拼的是速度、耐力等，如何训练是技术和技巧的问题，这里暂不讨论。赛跑运动员必须有适合赛跑的身体形态，那些肩膀、腿、身高及面部骨骼宽度超过常人的人就比较适合，因为这意味着他们的肌肉力量和爆发力更强，速度、爆发力、耐力、心理素质、适应能力等，也可以在训练中得到进一步加强。因此，我们看到田径赛场上的短跑和中长跑运动员，通常有较长的下肢、较高的身高和较轻的体重，这就是他们的重要特质。

我们再来看一下乌龟所拥有的自身特质，身材矮小、四肢短小、行动笨拙，这样一对比就很容易发现乌龟所拥有的自身特质与赛跑运动员的胜任力模式特质，根本不匹配。由此，我们也可以明确乌龟不适合在赛跑运动中发展，如果是自己很喜欢赛跑，那也仅仅是自己的业余爱好罢了。

性格无所谓好坏，个人的特质也无所谓好坏，只有与自己想发展的职业或岗位是否相匹配而已。那么乌龟适合干什么职业？

我们先来看乌龟有什么特点。很明显，乌龟会游泳、翻跟头，能缩头缩尾并且耐饥耐渴、寿命长，是游泳高手，别看乌龟体型笨拙且行动缓慢，但在水中能够灵活自如地游动，甚至能够潜入较深的水域，还能够清晰地看到水中的物体，而敏锐的嗅觉则能帮助它们找到食物或避开危险，此外，乌龟还能通过感知地球磁场来确定方向。

通过以上分析，建议乌龟朝游泳运动员或潜水运动员的方向发展，因为乌龟自身拥有的特质与游泳运动员或潜水运动员的岗位胜任力模型特质匹配度比较高。

通过上述的案例分析，我们明确了工作表现优异的秘诀就是发挥自己的优势。但是芸芸众生，能了解自己的人并不多，很多人是了解自己的长处，但不了解自己的短处，在如此混沌的自我认知中，往往"发挥"了自己的短处，也许又有人不理解了，为什么会出现这个情况？其实道理也很简单，我们用逆向思维来理解一下。有句话是"天下熙熙，皆为利来，天下攘攘，皆为利往"，普天之下芸芸众生的奔波，皆为了各自的利益。看到这句话，大家都懂得要用自己的优势挣钱，但是在利益的博弈中，你的短处才是人家挣钱的地方，人家会对你抛出各种利益诱惑，而当你想得到利益的时候，往往你的短处会暴露无遗，而且在此刻会不理智，并存在很大的侥幸心理。

民间也有俗语"人贵有自知之明"，可见人是难得自知的，能够了解自己的人都是聪明人。"知人者智，自知者明。"（《道德经》第三十三章），能够认识别人的人，是智慧的；能够认识自己的人，是明智的。可见，"自知之明"是一种对自己的深刻自我认知与理解，它不仅是对自身优缺点的清晰把握，还是对自我能力与局限的深刻洞察，具备自知之明，便能如明镜照物，对自己的能力、行为、思想有着清晰而准确的评判，既不会因一时的成就而沾沾自喜，也不会因暂时的挫折而妄自菲薄，既知自己的长处所在，也能坦然面对自己的不足。

任何人都有优缺点，正所谓"金无足赤，人无完人"，每个人都有自己的优势和擅长的能力，在这点上，老天对每个人都是公平的，只是上天赋予每个人特定的天赋与素质不一样而已。很多那些曾经在大人眼里一无是处或不那么"优秀"的孩子，长大了却是事业有成。

"时也，运也，命也。"这句话蕴含着一个古老的哲学观念，强调个人对命运的有限控制，让人明白有时要顺应天时、接受命运，不能事事强求。但是从另外一个角度也可以理解为"命也，时也，运也"，个人的命运会随着时代或机遇而改变，怎么改变？就是得抓住机遇。

机会与机遇是不同的概念，机会面前人人平等，但是机遇可不是对每个人都是平等的。就是能抓得住的机会才是机遇！在人的一生中，会有多少次机遇？这个问题因不同的理论或观点而有所不同。每个人的一生中大致会经历三次重大人生机遇，大约每 20 年一次，理论界大部分人的观点是大多数人的一生中，会有三五次的大机会，这些机会大约每十年就会出现一次，我比较认同的观点是每个人的一生中有两三次机会。无论哪种观点，总体来说人生的机遇是不多的，这个观点大家是认同的，而且机遇的到来，往往来得突然而且稍纵即逝，能否抓住机遇是取得成功的关键因素之一。

怎样能抓住机遇？百度上也有很多文章，给出了建议，说是要保持敏锐的观察力、不断提升自我、勇于尝试、持续努力，说得没有错，干货也一大堆，但是难以执行落地。

怎样才能抓住机遇？首先，要确立的观点是在你认为没有遇到机遇之前，先练好你的本事，就是把你的优势淬炼成"专、精、特"，这也是你抓住机遇的本事。有句话说得好"机遇是给有准备的人的"，因为机遇总是在不经意间出现，而且机遇并不是每个人都能意识到的，人的一辈子能抓住一次机遇就算是成功了，能抓住两次机遇的人就非常优秀了，大部分人这辈子碌碌无为，不是机遇没有垂怜，而是他"看不起、看不到"机遇而已，而且还常常抱怨自己没有机遇、错过了机会。我们可以查阅那些成功人士的经历，哪个不是一直在默默积蓄力量，在关键时刻一举抓住了机遇，因为准备充分、眼光敏锐的人，能够在日常琐碎中发现机遇和闪光点，把握住潜在的可能性。因此，机遇既是在沉淀中等待时悄然降临的馈赠，也是在主动探索与创造中争取的果实。

有个故事诠释了机会与机遇的关系。这个故事中有个资深的老猎人，他外出打猎，在漫山大雪的深山老林里迷路了，转悠了好几天没有走出林子，老猎人已经饥寒交迫、身心疲惫，心想莫非要冻死在这林子里？在万般无奈之下，他想起了上帝，说："上帝啊，看在我这么多年虔诚的份儿上，求你给我指一条走出这林子的路！"此时，他耳边传来了一个声音，"等会儿，你身边有一鹿群经过，你骑上领头的那只，就可以出这个林子了"，不久，果然有一鹿群飞奔而来，老猎人瞅准机会快速辨别出领头的鹿，抓住鹿角骑上鹿出了林子。在这个故事中，鹿群是机会，领头的鹿是机遇，老猎人因为能识别出哪头是领头鹿，能辨识的能力就是老猎人的优势和长处，这个是常年打猎所积累下的本事。

三、天生我材必有用，信心比黄金更重要

"人生得意须尽欢，莫使金樽空对月。天生我材必有用，千金散尽还复来。"（李白《将进酒》）。意思是"人生得意之时就应当纵情欢乐，不要让这金杯无酒空对明月。每个人的出生都一定有自己的价值和意义，金钱用尽了，这些失去的东西以后依然会得来"，体现了李白的高度乐观精

神，其实也体现他对人生哲理的感悟。

人活着，信心是前行的基石，是照亮前路的明灯，不可或缺。有信心的人，心怀壮志，不会被眼前的困境束缚。他们相信自身的能力，敢于追逐远大的目标，这种信念使他们的视野逐渐开阔，格局也随之拓展。格局大了，又能反过来强化信心，让人在面对复杂多变的生活时，依然保持从容不迫，以更宏观的视角审视问题，做出明智的抉择。

格局又是什么？格局是一个人的眼界和气魄，是看待人生的态度和方法，是思考问题的层次和高度。格局有多大，舞台就有多大。井底之蛙，看到的只是井口大的天，往往目光短浅、画地为牢、锱铢必较，常常怨天尤人，受困于围幔之中。只有飞过天空的小鸟，才知晓世界的广袤。

唐代诗人杜甫《望岳》云："岱宗夫如何？齐鲁青未了。造化钟神秀，阴阳割昏晓。荡胸生曾云，决眦入归鸟。会当凌绝顶，一览众山小。"也说明了格局与信念的关系。当你到达顶峰，众山都变得渺小了，当你的格局高了，你的信念不再局限于眼前那点小事，而是能超越眼前的琐碎，洞察未来的趋势，从而让你在人生的道路上走得更远。人生的成长就是不断翻越高山的过程。当你翻越这座高山，才会发现，原来还有更高的山等着你发现。正因如此，我们成长的脚步才不会停止，而是始终保持探索的姿态，去看更大的世界。

南非第一位黑人总统曼德拉，曾为了推翻"种族隔离"制度进行了长达 50 年艰苦卓绝的斗争。1962 年 8 月，南非种族隔离政权以"煽动"罪和"非法越境"罪将曼德拉逮捕入狱，从此，44 岁的曼德拉开始了长达 27 年的监狱生涯。在狱中，他被逼迫和其他黑人囚犯到采矿场做苦工，与外界隔绝。1994 年，曼德拉当选总统时，拥抱了曾虐待他的狱警，并向他们表示感谢，正是在狱中学会了控制情绪才活了下来，牢狱岁月给了他时间与激励，使他学会了如何处理自己遭遇的苦难。今天，我们来看曼德拉，他并没有沉沦于过去监狱里所遭受的种种折磨的痛苦，没有沉沦于狱警对他的种种刁难与侮辱，如果他还惦记着监狱的苦难，那么他身在监狱外，但是心还在监狱里，精神还在继续坐牢。

上述几个故事，也说明了格局不仅是对世界的认知与理解，还是对自我定位与追求的体现。一个人的成就，取决于他自己认为自己与这个世界的关系！首先，从行为心理学上讲，一个人要有所成就，必定要有所行动，那么其做出的行为与动作，则完全取决于其思维方式，而思维方式则取决于其信念与眼界。其次，你与世界的关系是什么，决定了何种成才路径能满足你，周恩来总理在少年时代立下"为中华之崛起而读书"的志向，把读书与中华民族的崛起联系在一起了，树立了为国家和民族而奋斗的责任感和使命感。北宋思想家、教育家、理学家张载在《横渠语录》中道："为天地立心，为生民立命，为往圣继绝学，为万世开太平。"一千多年来，"横渠四句"震烁寰宇，传颂不绝，成为历代中国知识分子的理想追求。

国学大师钱穆老先生有一次游一座古刹，看到一个小沙弥在一棵历经百年风霜的古松旁种一种名为"夹竹桃"的观赏植物，老先生由此感慨地说："以前僧人种树时，已经想到寺院百年以后的愿景，而今，小沙弥在这里种花，他的眼光仅仅是想到明年！"小沙弥种花，仅仅想到明年赏花；而僧人种植松树，则是看到了百年之后的愿景。这就是见识和格局之间的差别。

曾国藩说过一句话，"凡办大事，以识为主，以才为辅；凡成大事，人谋居半，天意居半"。这里的"识"指的是见识、格局，曾国藩认为解决问题的思维，往往取决于见识和格局的高度，办大事者以"识"为主，才气、才能不过是辅助罢了。

我们经常说"相由心生"，大家所理解的意思是一个人的外在相貌会受内心或心境的影响，比如心地善良的人，往往看起来面容和蔼；而心胸狭隘、经常生气的人，可能就会有比较狰狞或者严肃的面容。这个理解也是对的，《尊婆须蜜菩萨所集论》的"以一更乐非相由心生"，《华严经》的"心如工画师，能画诸世间"，都从某种角度阐述了心与相的关系。

但是，我认为"相由心生"还有另外一层意思，这个和你的信念和格局是有非常大关系的，这里的"相"不是面相，而是指你眼中的世间万物，也就是你眼中的世间万物就是你的内心反射。

树立高格局和远大信念，貌似说说容易，但是为什么大部分人难以做到呢？为什么我们每个人都活在自己的思想认知里，我们大部分人认为真实才是可靠的，也就是我们看到的才是最可靠的。殊不知，我们生活中的表象只是这片内心世界的冰山一角，而我们所见的，往往只是他人愿意展示出来的一部分，很多人往往执拗于自己认为是"对"的事物。

《庄子·应帝王》中有一个故事，说"南海之帝为儵，北海之帝为忽，中央之帝为浑沌。儵与忽时相与遇于浑沌之地，浑沌待之甚善。儵与忽谋报浑沌之德，曰：'人皆有七窍以视听食息，此独无有，尝试凿之。'日凿一窍，七日而浑沌死。"这个故事说，南海的君主"儵"与北海君主"忽"经常相聚在中央帝王"浑沌"处，"浑沌"对他们特别好，热情招待了他们，南海君主"儵"与北海君主"忽"为了报答"浑沌"，二人商议说"人有七窍，可以听好听的音乐，欣赏美景，吃好吃的东西，闻好闻的味道，但是'浑沌'没有七窍，无法享受这些。既然'浑沌'对我们这么好，那么我们就为他开通七窍吧。"然后"儵"与"忽"一天为"浑沌"开通一窍，等到"七窍"尽开的时候，浑沌便死了。这个故事是不是十分耐人寻味？

历来解读这个故事的人非常多，解读的版本也有很多，我们暂且不论这个。我的理解是，人们所理解的"好"是什么？不是"我认为怎么做最好"，从"我"出发，不管有意无意，都带着自己的主观见解，即不自觉地把自己的"色彩"强加于别人，还美其名曰"为你好"。其次，害死"浑沌"的"七窍"代表着人的名利物欲，庄子所写的"浑沌"应是指"人纯洁的本真"，本真被名利物欲扼杀，追名逐利的空壳却最适合当提线木偶。

庄子的寓意是好的，世人却难以理解，更难以做到。这就需要我们在职场中，拥有好的心态，一个积极、乐观、向上、百折不挠的心态，每天以积极、阳光的心态面对工作中的挑战和压力。当然，这不等同于鲁迅《阿Q正传》笔下的阿Q精神，阿Q精神核心是"精神胜利法"，是一种自譬自解、自我安慰的精神，表现为自嘲、自解、自我陶醉等行为，通过心理暗示和自我安慰来获得精神上的满足和胜利，从而平衡自己在现实中的失败和屈辱，这种精神在阿 Q 身上表现为妄自尊大、自轻自贱、自欺欺人、欺弱怕强等特征。在现代社会中，阿 Q 精神依然存在，并且以更加隐蔽的方式继续影响人们的生活，比如面对不公正待遇和工作压力，许多人选择沉默和妥协，通过自我安慰来面对困境。

阿 Q 精神是一种非积极的心态，在职场中也难以取得成功。美国著名心理学家大卫·霍金斯博士花了 30 多年的时间，研究得出一个震惊全世界的结论，那就是"人类真的有不同的能量级别，每个人都活在各自的能量层级里，并且也吸引着相应层级频率的事物"，霍金斯能量层级表的具体内容如下。

700—1000 分：开悟，合一，无我境界，代表极高的精神觉醒和正觉。

600 分：平静，追求完美，平和、安详。

540 分：喜悦，乐观，慈悲且有耐性。

500 分：爱，专注生活的美好与幸福。

400 分：理智，智慧的创造者。

350 分：宽容，了解事物没有对错。

310 分：主动，真诚，友善成长迅速。

250 分：满意，充满信心，活力与安全感。

200 分：勇气，有能力把握机会，充满信心与肯定。

175 分：自大，自我膨胀，抵制成长与狂妄。

150 分：愤怒，憎恨与抱怨。

125 分：欲望，上瘾与贪婪。

100 分：恐惧，压抑、焦虑、退缩。

75 分：悲伤，失落、依赖、悲观。

50 分：冷淡，绝望、自我放弃。

30 分：内疚，懊恼，自责、自我否定。

20 分：羞愧，自我封闭。

霍金斯能量的分数越高，事业成就就越大，反之则容易失败。

被李晚芳评价"羽之神勇，千古无二"的项羽为什么宁愿自刎也不愿过乌江？对此，大多分析是，其一，在垓下之战中全军覆没，觉得无颜面对江东父老，认为回到江东会失去祖先的荣耀；其二，垓下之战的失败对他来说是一个巨大的打击，无法接受自己从未败绩的英雄形象被打破，心理上难以承受；其三，在垓下突围后，军队士气低落，跟随他的士兵大多逃散，认为民心和军心已经丧失；其四，此时刘邦已经稳住了阵脚，占据了大部分领土，自己难以东山再起。

我认为上述各种的分析皆是对项羽自刎的客观评价，但是关键还是项羽的性格，而且他是处于霍金斯能量层级表最低的"羞愧，自我封闭"那档，一句"无颜再见江东父老"便是印证，假设项羽当年能够知耻而后勇，折返江东，再续资本，估计战胜刘邦并不是没有可能。

我们再来看看刘邦在面对挫折时表现出的极大的自信和坚韧。公元前205 年，刘邦领导着庞大的联军攻克楚国都城彭城，然而因军队松懈，被项羽率领的三万轻骑兵突然袭击而遭失败，刘邦仓皇逃脱，在逃亡途中车队路过沛县时，竟发现自己的儿女也在逃难，毕竟是自己的儿女，刘邦把他们都带上了车。但是情况危急，项羽的追兵不肯放过他。为了减重，刘邦将儿女从马车上踢下，便于自己的马车能更快逃命，夏侯婴见状心生怜悯，多次将这两个孩子救起放回车上，刘邦屡次踢下，并因此大怒，威胁要杀掉夏侯婴，言语之狠令夏侯婴也为之胆寒。

公元前203 年，刘邦占领了成皋（今河南荥阳汜水镇虎牢关村西北成皋古城），项羽为了迫使刘邦投降，将刘邦的父亲刘太公抓来作为人质，并威胁要将刘邦的父亲煮成肉汤，以此逼迫刘邦投降。刘邦的回应是："项老弟，当年我们一起受命于楚怀王，有兄弟之约，所以我爹就是你爹。如果你一定要杀了你爹，那就分我一杯羹。"（《史记》原文："彭越数反梁地，绝楚粮食，项王患之。为高俎，置太公其上，告汉王曰：'今不急下，吾烹太公。'汉王曰：'吾与项羽俱北面受命怀王，曰'约为兄弟'，吾翁即若翁，必欲烹而翁，则幸分我一杯羹。'项王怒，欲烹之。项伯曰：

'天下事未可知，且为天下者不顾家，虽杀之无益，只益祸耳。'项王从之。"）。

还有刘邦靠"厚颜无耻"娶妻。因在家乡整天游手好闲，谁家也不愿意把女儿嫁给他，三十大几了还打着光棍。吕后的父亲吕太公，带着全家从外地来投靠自己的朋友沛县县令，县太爷为这位老朋友接风洗尘，邀请县里有头有脸的人物来赴宴。赴宴得送礼，县令规定礼金不足一千钱的，只能坐在院子里，连登堂入室的机会都没有。刘邦当时是个小小的泗水亭长，也想去凑热闹，可是兜里一个铜板都没有，但他脸皮厚，一看不是当场收钱，就大声嚷嚷"我出一万礼金！"。吕太公在堂上一听，来了个大款，赶紧出来迎接，把刘邦请入上座。宴会的主事萧何一看，刘邦怎么坐了个主位啊，他知道刘邦的底细，就告诉吕太公，这小子肯定没钱，他就是爱吹牛。可是吕太公观察刘邦在酒席上谈笑自若，坐在一群有钱有势的人当中，一点儿也没因为自己没带钱就不好意思，当即认为刘邦是个人才！等酒席一散，老太公留住刘邦要把女儿嫁给他。

刘邦的"厚脸皮"，本质上是他的大智慧，比死要面子活受罪更加实用。我们来分析刘邦的性格，按照霍金斯能力等级理论，每件事情都在200分以上，甚至在540分和600分。刘邦这个人脸皮厚，可谓是众所周知，但偏偏他每次脸皮厚都厚得恰到好处，可见并不是单纯喜欢耍无赖，而是有利可图，也就是脸皮厚，懂得抓机会就是才能，印证了中国的老话"脸皮厚吃个够，脸皮薄吃不着"。

我们从心理学上解释"脸皮厚"。"脸皮厚"的人更有自我实现的动力，他们不在乎外界的评价，更注重自我目标的实现，而且具有强大的内心防线，处理和面对事情时会有超强的心态，以及非常强的心理承受能力和行为模式。因此，脸皮厚是一种心态，更是一种行为，脸皮厚的人一旦清楚和明确了自己内心想要什么，就会将自己的目标付诸行动。而且脸皮厚的人，往往是一个乐观的人，试想项羽在给刘邦摆鸿门宴时，如果项羽脸皮厚一点，那估计历史得改写了。

总的来说，乐观的心态可以帮助人们更好地面对职业生涯中的挑战和困难，保持积极的态度和行动，为自己的职业目标努力奋斗，并建立积极的人际关系提高合作能力。

宋代苏轼的《定风波·莫听穿林打叶声》写道："三月七日，沙湖道中遇雨。雨具先去，同行皆狼狈，余独不觉。已而遂晴，故作此词。莫听穿林打叶声，何妨吟啸且徐行。竹杖芒鞋轻胜马，谁怕？一蓑烟雨任平生。料峭春风吹酒醒，微冷，山头斜照却相迎。回首向来萧瑟处，归去，也无风雨也无晴。"这是苏轼被贬居黄州时期的作品，苏轼在词中描述的是初春时节，他漫步在山麓里，遭遇到一场春雨，扑面而来的山烟迷蒙，雨水穿林打叶，别人都狼狈不堪，苏轼却不躲避，而是拿着竹杖，穿着芒鞋，漫步徐行，豪迈潇洒。这首词告诉了我们他的人生理念，面对挫折与磨难，只要坦然面对，保持乐观，就没有过不去的难关。

孟子说："穷则独善其身，达则兼善天下。"（《孟子·尽心上》），意思是一个人在不得志的时候，就要洁身自好，注重提高个人修养和品德；一个人在得志显达的时候，就要想着把善发扬光大，有惩恶扬善之意。

北宋文学家范仲淹的《岳阳楼记》曰："庆历四年春，滕子京谪守巴陵郡。越明年，政通人和，百废俱兴。乃重修岳阳楼，增其旧制，刻唐贤今人诗赋于其上。属予作文以记之。予观夫巴陵胜状，在洞庭一湖。衔远山，吞长江，浩浩汤汤，横无际涯；朝晖夕阴，气象万千。此则岳阳楼之大观也，前人之述备矣。然则北通巫峡，南极潇湘，迁客骚人，多会于此，览物之情，得无异乎？若夫淫雨霏霏，连月不开，阴风怒号，浊浪排空；日星隐曜，山岳潜形；商旅不行，樯倾楫摧；薄暮冥冥，虎啸猿啼。登斯楼也，则有去国怀乡，忧谗畏讥，满目萧然，感极而悲者矣。至若春和景明，波澜不惊，上下天光，一碧万顷；沙鸥翔集，锦鳞游泳；岸芷汀兰，郁郁青青。而或长烟一空，皓月千里，浮光跃金，静影沉璧，渔歌互答，此乐何极！登斯楼也，则有心旷神怡，宠辱皆忘，把酒临风，其喜洋洋者矣。嗟夫！予尝求古仁人之心，或异二者之为，何哉？不以物喜，不以己悲；居庙堂之高则忧其民；处江湖之远则忧其君。是进亦忧，退亦忧。然则何时而乐耶？其必曰'先天下之忧而忧，后天下之乐而乐'乎！

噫！微斯人，吾谁与归？"

其中的"先天下之忧而忧，后天下之乐而乐"成了千古名句，表达的是忧国忧民的情感，体现了强烈的爱国主义情感和责任感，强调在天下人忧愁之前先忧愁，在天下人都享乐之后才享乐，鼓励人们在面对困难和挑战时，首先考虑国家和人民的利益，体现出一种高尚的道德情操和深沉的爱国情怀，体现了诗人以国家和人民利益为重的价值观和社会责任感。

第四篇

怎么做职业生涯规划

4

一、人的一生有几命？

估计很多人看到这个标题，就要批评我了，认为这是废话，人的一生当然只有一个命呀，就是生命。不过，从我们职业生涯规划来讲，人的一生有四个命，即"生命、性命、使命、天命"。

（一）在职业规划中对生命的理解

"生命"大部分概念是指生物体，是蛋白质存在的一种形式，且具有来之不易、不可替代性和短暂的独特性，每个人的生命都是不可替代的，每个人的生命道路也是不同的。生命是以繁殖为目的、以自发熵变为具体方式的进化和适应过程。生命本质，就是一个过程，即发生、存续、消亡，实际上是物质从无序转变为有序最终又归于无序的过程，其中的参与者是物质和能量（实际上都是能量），变化的是物质的结构（因为物质是运动的）。

中国当代著名女作家杏林子在她的作品《生命，生命》中道："虽然肉体的生命短暂，生老病死也往往令人无法捉摸，但是，让有限的生命发挥出无限的价值，使我们活得更为光彩有力，却在于我们自己掌握。"尼·奥斯特洛夫斯基在《钢铁是怎样炼成的》中说："人最宝贵的是生命，生命对于每个人只有一次，人的一生应当这样度过：当他回首往事时，不因虚度年华而悔恨，也不因碌碌无为而羞耻；临死的时候，他能够说：'我的整个生命和全部精力，都献给了世界上最壮丽的事业——为解放全人类而斗争。'"雷锋说过："人的生命是有限的，可是，为人民服务是无限的，我要把有限的生命，投入到无限的为人民服务中去。"

作为生命，既然有生，则必然也有结束的那天，这也正是生命的宝贵之处，而且生命的过程不可逆，这就更使人重视怎么度过这一生。自古以来，各位大家无不在探讨如何度过这个有意义的一生，当代哲学家冯友兰概括为"横渠四句"的"为天地立心，为生民立命，为往圣继绝学，为万世开太平"（张载《横渠语录》），此为民众选择正确的命运方向，确立生命的意义，被历代传颂，经久不衰。孟子提出了"修身、齐家、治国、平天下"，也是几千年来无数中国知识者的追求。

再娇艳美丽的花朵总会有凋谢的那一天，再茂盛的树木总会有枯萎的时候，再嫩绿充满生机的小草也总会有干枯的那一天，但是它们为这个大自然呈现了美。我们人的一生，也应该在有限的生命里为社会创造出无限的价值。《红楼梦》作者曹雪芹写书时的艰难困苦可想而知，他们一大家子人住在寺庙门口，睡的是扎人的草席，吃的是不用嚼的白粥，但是他创作的《红楼梦》的价值无法估量，给后人留下了精美的文学享受和美妙的意境享受。司马迁继承父亲司马谈的遗志，担任太史令后开始创作《史记》。他在创作过程中遭遇了冤屈和宫刑，但依然坚持不懈，最终完成了《史记》这部巨著，全书包括十二本纪、三十世家、七十列传、十表和八书，共一百三十篇，五十二万六千五百余字，《史记》对后世的纪传体史书产生了深远影响，被列为"二十四史"之首，与《汉书》《后汉书》《三国志》合称"前四史"。鲁迅称《史记》为"史家之绝唱，无韵之离骚"，高度评价了其在史学和文学上的成就。

《诗经·曹风·蜉蝣》曰："蜉蝣之羽，衣裳楚楚。心之忧矣，于我归处。蜉蝣之翼，采采衣服。心之忧矣，于我归息。蜉蝣掘阅，麻衣如雪。心之忧矣，于我归说。"此诗说的是一种动物叫蜉蝣，微弱而飘忽，成虫之后，即不饮不食，于落日时分飞舞交配，完成物种延续便坠地而死，只是朝生暮死。其活着就是为了繁殖，不断复制自己。苏轼在《赤壁赋》中有写道"寄蜉蝣于天地，渺沧海之一粟"，蜉蝣身体极弱小，却有一对大得不成比例的翅翼，纤薄而光泽，还拖着两条长长的尾须，飘在空中交配飞舞。那么，我们作为人，如果活着仅是为了繁殖物种，那么这样的生命其本质与别的动物也绝无二致。

"我思故我在",这个"思",其实就是自觉意识,这就是人类与其他动物根本性或本质上的区别。"人活一世,草木一秋",既然生命如此短暂,为何我们还要如此努力地活着,并且要为这个社会创造价值?怎样才是活出有意义的人生,其实就是应了这句"人生中的赛跑,是在有限的时间内看你跑了多少路程"的话。《庄子·知北游》中说"人生天地之间,若白驹之过隙,忽然而已",意思是"人生在天地之间,就像小白马在缝隙前飞快地跑过一样,不过一瞬间罢了"。

诚然,人这一生,几十载而已,最长也不过百年余。虽不长,却也不算短;虽意外不断,却也不是毫无希望。你要演绎怎样的人生呢?你就是你人生的设计师,你就是你人生的导演。如此,你在中学时代就要进行人生规划了,孔子在《论语·为政》曰:"吾十有五而志于学,三十而立,四十而不惑,五十而知天命,六十而耳顺,七十而从心所欲,不逾矩。"虽然对此历来有不同的解释,但我们还是要试着解释一下,"吾十有五而志于学"意思是"在 15 岁就要立志于学",我们现在大部分人在 15 岁,估计还过着浑浑噩噩的日子;"三十而立"的意思是"人生到 30 岁,得有一个可以拿得出手,并以此吃饭的本事";"四十而不惑"的意思是"人在 40 岁的时候,不要这也想做,那也想做,你应该非常明确自己适合做什么了";"五十而知天命"的意思是"人在 50 岁的时候,要做减法了,不能是这也想要,那也想要,而是这个我可以不要,那个也可以不要"。这些观点,与我在前面所说的职业规划阶段,去做并完成每个阶段的任务是一致的。

今天的职场成就,源自昨天你的布局和努力。如果你今天还是一事无成,绝大部分原因源自你自身,不可怨天尤人。

宋代诗人苏轼的《定风波·莫听穿林打叶声》写道:"三月七日,沙湖道中遇雨。雨具先去,同行皆狼狈,余独不觉。已而遂晴,故作此词。莫听穿林打叶声,何妨吟啸且徐行。竹杖芒鞋轻胜马,谁怕?一蓑烟雨任平生。料峭春风吹酒醒,微冷,山头斜照却相迎。回首向来萧瑟处,归去，也无风雨也无晴。"在天地之间，不过是朝升夕落，日复一日而已。

生命短暂，恰如繁花生长再落，不过是循环而已，人来世上，谁不是头一回走这一遭。汉乐府《长歌行》写道："青青园中葵，朝露待日晞。阳春布德泽，万物生光辉。常恐秋节至，焜黄华叶衰。百川东到海，何时复西归？少壮不努力，老大徒伤悲。"此诗词的意思是："园中的葵菜郁郁葱葱，晶莹的朝露在阳光下飞升。春天把希望洒满了大地，万物都呈现出一派繁荣。常恐那肃杀的秋天来到，树叶儿黄落百草也凋零。百川奔腾着东流到大海，何时才能重新返回西境？少年人如果不及时努力，到老来只能是悔恨一生。"

《长歌行》中的"少壮不努力，老大徒伤悲"，通过简洁明了的语言表达了人生中的一个深刻道理，告诉我们在年轻力壮的时候，如果不努力学习、拼搏进取，那么到老年时期，即使后悔也来不及了，只能徒然悲伤。要避免"老大徒伤悲"，那么就要在少壮时努力，那么努力的方向，就是我们职业规划所需要的了！人生也是"种瓜得瓜，种豆得豆"，而且你还要知道什么土壤、什么季节、什么区域适合种瓜或者种豆，否则你就是前面章节里所说的"橘生淮南则为橘，生于淮北则为枳，叶徒相似，其实味不同。所以然者何？水土异也"。(《晏子使楚》)

(二) 在职业规划中对性命的理解

性命一词，在汉语中基本解释为生物的生命。但是"性命"在哲学上，通常指"性"和"命"，"性"指的是人之所以异于禽兽的根本特征，如"仁、义、礼、智"四种根本善，即恻隐之心，人皆有之；羞恶之心，人皆有之；恭敬之心，人皆有之；是非之心，人皆有之。恻隐之心，仁也；羞恶之心，义也；恭敬之心，礼也；是非之心，智也。仁义礼智，非由外铄我也，我固有之也。(《孟子·告子上》)，而"命"则是指不可抗拒的客观决定力量，如生、老、病、死等自然规律，性命之间的关系可以理解为"性"是不变的规律性，而"命"是变化的规律性。可见，性与命的区别在"求在内者"与"求在外者"，孟子强调性、命的不同，是要求人们对仁义礼智等善性尽心修养，对耳目声色等物质欲利要安分顺命，不可妄求。

人之初，性本善。性相近，习相远，说的是我们自打出生在这个世上，我们的本性都是"善"的，为什么会出现坏人和恶人呢？就是因"贪、嗔、痴、慢、疑"这五毒（佛教称"贪、嗔、痴、慢、恶"这五种情绪为五毒，认为这五种情绪是众生之"障"），就出现了"性乃迁"。这就解释了，虽然我们生活在同一个世界，但每个人的世界观、人生观、价值观往往有很大差异，即"从心生声，从口从令"，就是你有什么样的"心声"，便会发出什么样的"口令"，你的世界是由你起心动念显现而来的。由此可见，"命"随着"性"转，"性"如形，"命"如影；"性"如花，"命"如蝶；性是功，命是德。

简而言之，在职业规划中，"性命"可理解为性格。通常而言，性格是指一个人在生活中，对人、对己、对事、对适应环境所显示出来的一种比较稳定的独特个性，是由一个人的家庭与文化环境、心理成熟度、学习等因素综合影响而形成的，并且会在一个人的态度、认知活动、实践行为、情绪、需求、兴趣等层面表现出来。

性格之说，前面章节也阐述了很多，但是性格与职业之间存在着一座"隐形桥梁"，二者的匹配度决定了桥梁的宽广度及稳固程度。也就是说，个人性格与职业类型之间的一致性，决定了个人在工作上的适应性、满足感和成就感，性格和职业之间的相符程度与事业的成功概率呈正相关关系。

性命，在职业规划中不仅是性格，还有其个体特征和其职业的遭遇与经历，也就是说职业规划不仅是选择一个职业，还是选择一种生活方式，一种能够让自己持续发展和成长的生活方式。职业规划不仅影响个人的职业发展路径，还影响职业决策，能帮助我们在职业生涯中更好地应对各种挑战和变化，保持灵活性和适应性。

"海阔凭鱼跃，天高任鸟飞"这句话传递了自由、豁达和积极向上的精神，启示人们要勇敢追求自己的梦想和自由，不受任何束缚，尽情地展现自我、实现自我价值。我们从另外一个角度理解，你是一条小鱼，还是一条大鱼？就要选择不同的目标区域，如果是条小鱼，也许在鱼缸里养养就够了，但在鱼缸里是无法"跃"起的，这就是不同性命取决于不同的职业规划。

《千字文》有言"似兰斯馨，如松之盛"。"似兰斯馨"，兰花以其清幽的芬芳而备受赞赏，我们可以将"兰"所蕴含的品质理解为内在的修养、高洁的品格和独特的魅力，这种魅力不是依靠外在的容貌或物质的堆砌，而是源于内心的善良、正直、宽容和智慧。"如松之盛"，松树四季常青，枝干挺拔，经得住风雪的考验，这象征着坚定的意志和不屈的精神，无论遇到多少困难和阻碍，都能保持积极向上的心态，坚守自己的初心。

有人说的"没有谁能够随随便便成功，每个人都是通过自己的努力，去决定生活的样子"，这句话的出处暂且不去考证，但是这句话却也是至理名言。东汉时期著名的思想家、文学批评家和唯物主义哲学家王充认为，"命是父母给的，性却在自己修养"。

性命的修炼，修炼什么？修炼自己的人品，"始于颜值，陷于才华，终于人品"。世事变幻莫测，唯品正可立一生，《左传·襄公》曰："太上有立德，其次有立功，其次有立言，虽久不废，此之谓不朽。"唐代的孔颖达在《春秋左传正义》中说"立德，谓创制垂法，博施济众；立功，谓拯厄除难，功济于时；立言，谓言得其要，理足可传"，就是对"立功立德立言"做了界定。这"三不朽"，在中国历来是仁人志士孜孜以求的一种凡世的永恒价值。

可以说，对于历朝历代的仁人志士而言，在其生命结束后，又有不朽之名，这正是对"性命"的追求，激励无数个仁人志士让生命释放出无比巨大的能量，拼搏奋进，建功立业。当然，对不朽之名的追求是要付出非凡代价的，被历史大书特书的旷世伟人都是经过艰苦卓绝的努力、做出巨大的个人牺牲并放弃凡俗的某些物欲与私利，而后才功成名就的。例如"至圣先师"孔子所说："知其不可为而为"，周游列国，讲学传教，结果畏于匡、困于蔡、厄于陈，状如"累累若丧家之狗"。

我国历史上能够做到"三不朽"的可能只有两个半人，分别是孔子、王阳明，半个是指曾国藩。孔子，大家都知晓，这里就不多说了。王阳明，是明朝的浙江人，中国古代哲学史上的"心学大师"，他的功劳在于使得人的主体意识得到空前提高，人称王阳明是"治学之名儒，治世之能臣"，故居有一副楹联为"立德立功立言真三不朽，明理明知明教乃万人师"。曾国藩，清朝时期的军事家、理学家、政治家，文学上也有成就。这个人物有点争议，但是他是一个很重要的人物。

（三）在职业规划中对使命的理解

奥地利小说家、诗人、剧作家、传记作家茨威格，在《人类群星闪耀时》中有这样的一句话，"一个人生命中最大的幸运，莫过于在他的人生中途，即在他年富力强的时候，发现了自己的使命"。

使命，简而言之就是一个人找到的生活意义和目标，通过努力和奉献来实现这些目标，每个人的使命都是独一无二的，需要自己去探索和发现。因此，明确了一个人的使命，才能实现个人价值，明确自己与家庭、自己与社会、自己与国家的关系与责任，并由此找到了自己心灵的归宿和由内而外的解脱。

作家刘震云说过，"所谓门槛，能力够了就是门，能力不够就是槛。人生的沟沟坎坎，多半是能力不足所致"。我认为刘震云教授说得非常到位。确实没有人可以随随便便成功，职场成功更像一场修炼，会遭遇无数的挑战和困难，就像《西游记》中唐僧西天取经，要经历九九八十一难一样，在这些挑战和困难中，不能迷失自我，我们解决了在前面文章里所说的"五毒"，找到自我，发现自身的潜力和价值，淬炼自己摘取成功果实的本事。按照马斯洛需求层次论，一个人的终极使命，就是成为你自己，实现自己的价值，获得他人的尊重。

剧版《西游记》里唐僧的一句"宁爱本心，不违如来"，说出了唐僧为了完成自己的使命表现出了自己的坚韧。尽管唐僧的种种行为常常让人啼笑皆非，甚至怒其不争，但他的坚韧与执着却无不令读者肃然起敬，他始终牢记取经使命，面对艰难险阻，即使徒弟们多次萌生退意，他仍能坚定信念，不抛弃不放弃，面对女儿国国王的深情挽留，他表明心迹，拒绝了尘世的繁华与诱惑，坚守着对佛祖的承诺。正是这种强烈的使命感使然，使他凭借对信念的坚守，做出了超越常人的举动，我们在电视剧《西游记》里经常听到他说的一句话："徒儿们，不早了，该出发了！"

《西游记》是神话故事，我们来看看历史记载的有关玄奘的一段对话。在公元 612 年，隋炀帝号令度僧，通过考试选拔十四人出家为僧，但是参加考试的人有数百人之多，玄奘也想参加考试，但"习近业微，不蒙比预"，因没有资格考试，只能在考场外观望。大理寺卿郑善果看见玄奘问："你为何想出家啊？"年仅十岁的玄奘脱口而出道："意欲远绍如来，近光遗法。"郑善果听后非常惊叹玄奘的志气，看到玄奘根骨非凡，眼神清澈虔诚，便破格录取了他，郑善果觉得诵经礼佛容易，保持风骨很难，这个小子将来一定会成为一代高僧大德。"意欲远绍如来，近光遗法"就是玄奘的使命。

我们理解了使命，使命就是我们存在于这个世界的理由和价值，即想要成为什么样的人，为谁创造价值，以及创造什么样的价值。我们每个人来到这个世间都有其特殊的使命，只是有的人发现得早，有的人发现得晚，有的人一生也没发现而已。如何找到自己的人生使命？一是发现，二是创造。在追求卓越职业生涯的道路上，必须具有使命感，才能不断突破自我，实现更高的职业目标。

苹果创始人乔布斯在苹果公司处于低谷时，坚信他和他的团队会干出非凡的事业，从不退缩，每天晚上很晚回到家里，就直接上床睡觉，直到第二天早上起床，然后洗澡、上班，最终乔布斯让陷入困境的苹果公司起死回生。

确定了自己的使命，也就意味着确定了自己对人生的选择，而且是自主性的选择。在中国哲学史上，"万物皆备于我""心外无物"，都代表了一种唯我论的观点。在西方哲学史上，英国哲学家贝克莱把世界上的一切事物及其性质都消融在"我"的感觉经验之中，认为除了感觉经验之外别无他物存在。那么，我们就知道了人生的自主性就是你有选择的自由，而且你必须选择。可是，你要选择什么呢？其实没有什么标准，但是你选择了，你就得负责，这就是一切，其他没有什么好说的。因此，我们的选择忠实于自己的内心，这是没有错的，这本身是一种积极的心理状态。

当然，现在也有很多理论和学者的观点，认为事物的价值是主观赋予的，是"自我"赋予的，其本身并不具有那样或这样的价值，比如我珍视或看重某种事物，不是因为它本身内在固有的价值或意义，而恰恰是因为我看重它、珍视它，它才变得有价值。这样一来，我们给自己赋予所谓使命的价值和意义，实际上仍然是有渊源的，是由许多经历和故事造就的，也是在生活的关系中形成的。

因此，发现或创造使命，皆源于你的生活和经历，你跟很强的或水准很高的人碰撞后，你的使命层次也会越高。这也许就是自我无法凭空定义自己所创价值和活着意义标准的原因，这个标准离不开我们共同生活的背景框架，你只能依据这个框架来"选用"和"改造"形成自己的价值观，无法凭借孤立的内心来实现。这就需要我们把自己和一个更开阔的世界联系在一起，保持与他人的对话，并在对话中展开反思，这会让我们变得更加清醒、更加丰富，更好确立自己的人生使命。

"士不可以不弘毅，任重而道远。仁以为己任，不亦重乎？死而后已，不亦远乎？"（《论语》）这句话一直影响着中国仁人志士的远大志向和坚定使命。这句话也体现了"人活着，就是在相对中追求一点绝对"，这个精神就是使命的重要性，其在于找到了"意义感"，比如电视剧《士兵突击》中许三多认为人要做有意义的事，这也自然成了许三多的使命。

在中国历史的长河中，有许许多多的英雄人物以其勇气和智慧书写了辉煌的使命篇章。西汉张骞西域之行，从另外一个角度来看也是一次伟大的不辱使命的经历。公元前 139 年，张骞奉命率领一百多人踏上了充满未知的旅程，张骞出使西域是汉武帝时期希望联合大月氏夹击匈奴，汉武帝对此寄予厚望。张骞在途中被匈奴人捕获，对他种种威逼利诱，还给张骞娶了匈奴的女子为妻，生了孩子，但他始终没有忘记汉武帝交给自己的使命，没有动摇出使月氏的意志和决心。张骞在匈奴一待就是十年之久，直到公元前 129 年，敌人的监视渐渐有所松弛，后张骞趁匈奴人不备，果断地离开妻儿，逃出了匈奴王庭。在公元前 128 年，又被匈奴人抓获，在前 126 年归汉，共历十三年。张骞归汉时，只剩下他、堂邑父，还有他的匈奴妻子三个人。

"是故知保天下，然后知保其国。保国者，其君其臣肉食者谋之；保天下者，匹夫之贱与有责焉耳矣。"（清代顾炎武《日知录·正始》）"天下兴亡，匹夫有责"是最崇高的使命。"古之人，得志，泽加于民；不得志，修身见于世。穷则独善其身，达则兼善天下。"（《孟子·尽心上》），为达使命做到宠辱不惊，"万物皆备于我，不怨天不尤人，富贵不能淫，贫贱不能移，威武不能屈"。

孔子认为自己的使命一是传承和延续华夏文明，并且将华夏文明发扬光大，认为这是他义不容辞的责任；二是匡正时弊，平治天下。孔子在周游列国的时候遇到过无数的困难，在遇到危险的时候，孔子经常说的就是看天命，我认为孔子所说的天命就是使命，如果天命允许他活下去，那么别人就不能把他怎么样。

（四）在职业规划中对天命的理解

天命，一般讲的是自然界中不变的规律和法则，如天命不可违，"天命之谓性"（《礼记·中庸》）也是这个意思。从职业规划的角度来看，天命就是对自身命运的认知和应对，"虽曰天命，岂非人事哉？"（欧阳修《新五代史·伶官传序》）就是这个意思。

俗话说"天无绝人之路"，就是每个人来到这个世界都有一个生命剧本，说白了每个人都有一条属于自己的天命。天命之中，涵盖了天赋、财富、贵人等所有支持我们演好这部生命大戏的东西。

由中国台湾作曲家陈百潭填词及作曲、叶启田演唱的一首闽南语歌曲《爱拼才会赢》歌词中有句"三分天注定，七分靠打拼"，这个"三分天注定"说的就是"天命"。

中国民间有句老话说"三岁看小，七岁看老"，这句话的意思是，孩子 3 岁时的性格初步显现，7 岁时性格基本成型，这些早期的行为和性格特点会影响他们未来的发展，这概括了幼儿心理性格发展的一般规律。可以说 3 岁时孩子的心理特点和个性倾向预示了他们青少年时期的心理与个性雏形，而 7 岁左右的行为特点则可以预示他们 7～8 岁以及 11～12 岁时的行为特点，充分说明这一时期的性格和行为对未来的影响是不可忽视的。

"三岁看小，七岁看老"是迷信吗？当然不是！1909 年，丹麦遗传学家约翰森在书中提出"基因"的概念。在 1953 年，英国分子生物学家和神经科学家弗朗西斯·克里克和美国生物学家詹姆斯·沃森共同构建了 DNA 结构模型，也就是每种基因的组合。今天我们已经知道了，人类基因，大多固定依序附着在 DNA 楼梯上面，DNA 则神奇地包含在每个人类细胞中心，宽度不到千分之一的细胞核里面，用来主宰人体内所有的变化。换句话说，我们身体的一切变化，都必须服从 DNA 的命令，构成了我们的"天命"，先天的人生规划自打出生就已经不一样，因为你的基因来自你的父母，你父母的基因又来自你的祖父母和外祖父母，这也就是我们中国人做错了事情常说的"愧对列祖列宗"，列祖列宗指的是十八代人，上九代（祖九代）是指鼻祖、远祖、太祖、烈祖、天祖、高祖、曾祖、祖父、父亲，下九代（宗九代）是指儿子、孙子、曾孙、玄孙、来孙、昆孙、仍孙、云孙、耳孙，你身上有列祖的基因，列宗身上又有你的基因。

既然自然赋予我们每个人不一样的"天命"，那我们就不要苛求自己和别人一样，或苛求别人和自己一样，"天命"不同则人生道理自然不同。我们每个人正是因为有先天的差异和特长，才能在社会中扮演不同的角色，我们要允许自己做与别人不同的事情，这也是职业规划的"天命"。

"叶公问孔子于子路，子路不对。子曰：'女奚不曰：其为人也，发愤忘食，乐以忘忧，不知老之将至云尔。"（《论语·述而》）"发愤忘食"，说的是专心学习或工作以至于忘记吃饭和忧愁，表示做事情要勤奋，这也是自己从小到大、点点滴滴累积起来的结果。我们经常听到尽人力，听天命；力不尽则憾，命不听则枉。"尽人力"，就是说做事情要尽自己最大的能力，利用自己的一切资源，努力完成某件事，强调的是个人的主观能动性；"听天命"，就是说做事情要心态平和地接受自然规律、不可控或自己无法控制的因素，如环境、机遇等外在因素；"力不尽则憾"，就是说如果我们没有完全尽到自己最大的努力，则往往会有遗憾；"命不听则枉"，就是说如果违背了自然规则或超出自己能力范畴，往往只能是白费力气而已。当然这句话，是一种豁达的心态，但是我们也不是神仙，事情还没开始做之前怎么知道会不会有"大命"出现呢？其实，这个"天命"往往就是我们的性格或能力，我们做事情之前，先要掂量一下自己能力或性格是否匹配，这点与前面文章中讲的关于林黛玉应聘贾府总管家岗位的观点是一致的。先天的人生规划和后天的人生规划，这二者的配合程度，决定着一个人的成败。

曾有人说过，"你不直接为谋生而做的事情越多，你的一生就越幸福，如果你的一生所做的所有事情，都只是为了谋生，你的一生就是苦差役"，这句话给"天命"赋予了另外一层意思，就是你天生就负有的使命，由此你不应该辜负上天赋予你的使命，任何人都有自己的使命，只是你没有认识到而已，如果你把"天命"仅仅用作谋生，那你仅仅是有"生命"而已。

既然天命不可违，那又何来命运之说？前面说了"天命"就是基因，基因是难以改变的，这就是我们常说的"命"，而"运"就是我们活着的"气"，既然是"气"，那就是起起伏伏的，有高有低，有好有坏，这就是人生。

人们通常理解的运气就是在自己身上可以不花费时间、精力和成本而有所获得。但是天上从来不会掉馅饼，即使掉馅饼估计也是诱惑你的陷阱，"从来就没有什么救世主，也不靠神仙皇帝。要创造人类的幸福，全靠我们自己！"就写在《国际歌》中。

人生的运气就是随着你的人生的不断推进，你走过的路，做过的事，你曾向这个世界传达的什么，在你的人生道路上会一一反馈于你。因此运气也就是因果关系，你种下什么因，就有什么果，在未来的某个时刻，会以另外一种形式再次回到你的身旁。"不怨天，不尤人。下学而上达，知我者其天乎！"（《论语·宪问》），意思是说"我不埋怨天，也不责备人，下学礼乐而上达天命，了解我的只有天吧！"，孔子说的其实也是因果关系。

"怨天尤人"，就是说有时候，我们对自己解释不通或自己无法理解的事情都归责于天。"好的运气令人羡慕，而战胜厄运则更令人惊叹"，拥有好运并不足以令人钦佩，真正值得钦佩的是战胜厄运。当面对挑战和逆境时，才有机会展现出自己真正的价值和能力，克服困难是个人成长和进步的重要过程，"不经一番寒彻骨，怎得梅花扑鼻香"。曾有人对我说"真正成功的人，一定是改变自己的人，改变别人的事少做，我以前跟很多年轻人一样，设想我要是总统的话，我必须做这样那样的事，其实改变世界的事情留给总统，改变自己更为重要。我爸想改变我将近30年，但也无法改变我，因为我们犯的错误差不多，所以检查自己，改变自己，显得尤为重要。"

既然"天命不可违"，那我们就修"天命"，让自己有好运。"改变自己是最切实际、最低成本的，懂得学会一切向内求，你才能真正地拥抱一个更大的世界。""修身、齐家、治国、平天下"，修身便是改变自己的开始，也是通往幸福之路的起点。修身，就是开始关注自己的内心，审视自己的行为和思想，也体现了对现实的积极适应和对未知的勇敢探索，并在成长和实践中发现自己的潜力和价值。

美国著名人际关系学大师、美国现代成人教育之父卡耐基在《人性的弱点》中认为人要不断改变自己，改变自我的确很困难，因为每个人的心里都有两个自我：一个是理性的自我和一个感性的自我，理性的自我驱动我们做出改变，感性的自我不愿改变。怎么改变自我？那就从小事做起，用小小的成功经验给自己信心，逐步用新经验代替旧经验。

二、如何做职业生涯规划方向的设计

职业生涯的话题，前面的章节讲了很多了，本章节就着重讲讲如何做职业生涯规划方向的设计。

"方向不对，努力白费"，在我们日常工作和生活中，规划设计就是在进行建设或改造时，为了达到预期的建设效果，需要先进行规划设计，包括规划的制订、方案的设计、技术的研究和预算的编制等，这是一个系统工程，需要综合自身拥有的、外部环境、可能的变化等各种因素。因此，规划设计和"凡事豫则立，不豫则废"（《礼记·中庸》）意思相似，都是强调事先的计划和准备对于成功的重要性，事先的规划设计和准备能帮助我们更好地应对各种挑战，减少失败的风险。

职业生涯规划方向设计不同于其他规划设计，因为时间是不可逆的，比如一栋大楼的规划设计，如果规划设计完成了才发现实用性不够，那可以推翻再来，但我们的职业生涯规划设计在短时间内是不容易发现问题的。个人体验或个人成功都是要花费时间的，一旦发现规划设计有问题，那么被浪费的时间无法挽回，重新规划设计也需要时间，同时，实现自己职业生涯目标的最佳时机也许就这样错过了。

那么有效的职业生涯规划设计，一般基于职业目标、自身能力和成就自己的机会这三个维度，综合判断后进行有效设计。

（一）职业目标的分析

职业目标，就是你想做什么职业。职业目标分析，就是分析一下你自己是不是从事那个职业的料或可以从事你想做的职业，以及为什么你不能从事或能从事。因此，职业目标分析是个人职业规划的前置条件，是确保职业成功的必要条件，分析的内容主要涉及个人职业兴趣、价值观、性格特征、胜任能力这四个方面。

关于个人职业兴趣、价值观、性格特征、胜任能力的内容，在本书很多章节中都有阐述和解释，本章节不再赘述。

（二）自身能力的自我评估

"知己知彼，百战不殆"，意思是对敌人的情况和自己的情况都有透彻的了解，作战就不会失败了。同样，我们做职业规划设计也需要对自身能力进行自我评估，了解自己的优势和不足，从而使自己既能扬长避短，也能"取人之长，补己之短"，明确自己适合做什么或不适合做什么。

要完成自身能力的自我评估，最主要的也是最核心的就是了解自己的核心竞争力，前面的章节也说了，人最难的就是了解自己，但是我们必须在充分了解自己之后，才能更好地为自己的职业规划做设计。

在自然界，不同的动物具有不同的核心竞争力，比如：中华斑羚，它的核心竞争力是善于在裸岩上攀跃，栖息在悬崖峭壁上，这样能避开天敌；斑马以每小时 50～60 千米、鸵鸟则以每小时 70～90 千米的速度迅速奔跑，以逃离天敌；箭毒蛙和珊瑚蛇则无须躲避，因为其他动物一旦接触它们或被咬伤，可能会瘫痪或死亡；沙丁鱼成群结队地行动，让天敌误以为它们是一个巨大的生物，从而被吓退；沙漠蜥的眼睛能喷出红色的血，条纹臭鼬则会发出难闻的气味，以此来吓退天敌。每种动物都有自己的核心竞争力，以此在自然界生存，否则早就被淘汰了。

那么，什么才是自己的核心竞争力？用最简单的一句话来说就是，当我们失去或剥去身边所有的一切，比如我们的人脉、财富等，仍可以赖以生存的能力是什么，而且这个能力是与我们形影不离的，那么这个能力就是我们的核心竞争力。

英国作家丹尼尔·笛福创作的长篇小说《鲁滨孙漂流记》中的主要人物是鲁滨孙·克鲁索。他违背父亲的意愿，执意出海游历，不幸的是，船在暴风雨中倾覆，孤身漂流到一座荒岛，身上物品所剩无几。尽管在荒岛上困难凶险不断，他却勇敢地生存下来，在荒岛驯养山羊，练习编筐，制作面包和陶器，在岛上过着宁静的生活，在荒岛上生活了约 28 年后，回到了故乡。鲁滨孙·克鲁索能够在荒岛上生存 28 年，其生存能力非同一般，我们在这里分析他的核心竞争力，首先他具有直面现实、不畏困难、不灰心气馁、坚毅顽强、积极进取的精神，其次他具有野外生存能力，因为他从小渴望航海，学习了很多航海求生知识和野外生存知识。

在职业规划中设计核心竞争力，使自己在竞争中取得优势，提高自身的竞争优势，以获得职业成功。那我们的核心竞争力具体包括哪些方面的内容呢？

第一个方面的内容是"职业技能"。

"职业技能"就是你需要具备从事此职业的技能，如果你是驯马师，那么你最基本的职业技能就是骑马；你要从事财务会计工作，你得系统学习会计的理论知识，还要有一定的实践能力。当然职业技能是有等级的，最直截了当的就是分初级、中级、副高级、正高级的职称，以及初级工、中级工、高级工等，你的薪酬待遇与你的职业技能等级相挂钩。

第二个方面的内容是"工作经验或实践能力"。

有句俗语"行家一出手，就知有没有"，这个俗语的意思是内行人只要稍微展示一下，就能清楚地看出对方的真实水平或能力，形容某人在其专业领域内的敏锐洞察力。

我们在工作中应该干些什么？很多人一直没搞清楚这个问题，其实很简单，我们在工作中就是解决问题或创造价值的，如果你面对问题而解决不了，你就没有价值，那单位聘用你干吗呢？养闲人吗？因此，请记住一句话，任何单位都不养闲人，除非董事长是你老爸！

怎么解决问题？那是要靠前面所说的职业技能，正所谓专业的人做专业的事情，这样解决问题效率才高。解决问题也有快慢和优劣，这个问题就要取决于我们的工作经验或实践能力，在前面举的卖油翁的例子也足以说明这点。

以前，我做招聘工作的时候，经常听到应聘者说："这个我不懂、没做过，但是我可以学，我相信我会学的很快的"。这样的人，我基本不会考虑了，而且一般情况下，别的 HR 也是不会考虑录用的，除非实在是无人可选的情况下。为什么呢？我们在工作中所遇到的问题，基本是临时遇到或是不期而遇的，从来没有说问题是在等着你的，难道说你遇到问题了，你对问题说："你等下，我先去看看书或问问前辈，再来解决。"等你学会或搞懂了，黄花菜都凉了，往往错过了解决问题的最佳时机，或许还给单位造成损失或让服务客户不满意。

我小时候比较贪玩，每次都是临近考试才突击学习几天，结果往往成绩可想而知。我母亲没什么文化，每每看到我这种学习态度，就笑我："临时抱佛脚"。"不积跬步，无以至千里"，这是说事物的变化都是一个渐进的过程，由量变到质变是一个必然的规律。我们要有应对各种突发情况的能力。

第三个方面的内容是"学习能力"。

"学习能力"不仅是学习相关专业知识的能力，听君一席话，胜读十年书式的学习在职场尤其重要，这其实就是让我们站在巨人或前辈的肩膀上，不断提升自己的认知能力和智慧层次。学习能力也是运用知识的能力，即能够运用知识在实践中举一反三、触类旁通、理论联系实际的能力。镜子越擦越亮，脑子越用越灵，这句话是说学习知识要勤于思考，通过不断锻炼和使用，大脑能够变得更加灵活，活学活用的知识才有意义，否则就是死读书和读死书了。

个人核心竞争力中的学习能力，不仅指我们平时所指的专业课相关知识的学习能力，更重要的是，因职业规划设计而需要的职业技能学习能力。比如一个人的目标职业是作家，在涉猎知识时就需要有重点，当然各科均能均衡长足发展是最好的，但是这仅仅是少部分人能做到的，因为我们的精力和时间是有限的，我们可以多放一部分精力和时间在文学方面。再比如，你现在是瓦工，你学数、理、化、语、外，这些课程知识有没有用？当然有用啊，你可以利用相关知识对传统瓦工技术进行改良，让你与绝大部分瓦工不一样，那么你在瓦工行业就是成功者或佼佼者。

要成为专家或成功也很简单，就是将复杂的事情简单做，简单的事情重复做，重复的事情用心做，这句话是没有错的！复杂的事情简单做就是你面对复杂的问题或局面，能看到事情或事物的本质，然后能一针见血、直击要害，能拨开云雾见青天，才是真正厉害的人物，如果被复杂的表面现象所迷惑或遮蔽，那永远解决不了问题；简单的事情重复做，前面说的卖油翁故事，就是这个意思；重复的事情用心做，怎么用心？这就需要学习能力，不是为了做事情而做事情，而是能在做事情中理出脉络，思考效率，把事情做得一次比一次好，不断精进，不断往前推进。

第四个方面的内容是"超越自我"。

超越自我是指我们在思想、行为、能力等方面突破原有的限制和边界，克服自己的局限，实现自我提升和发展的过程。由此可见，超越自我是以挑战为概念的，强调自我、强调内因，突破成长上限，不断实现心中的梦想。

1982 年 12 月 4 日出生于澳大利亚墨尔本的尼克·胡哲（Nick Vujicic），天生患有罕见的海豹肢症，就是生下来没有四肢，面临巨大的生理挑战，在成长过程中遭遇了来自同学的欺凌和嘲笑，也甚至一度产生了自杀的念头。但是，尼克展现出了超乎寻常的超越自我的毅力和精神，克服生活中的种种困难，做到了生活自理，甚至能够游泳、打字、做饭等。在 19 岁时，开始了他的演讲生涯，通过分享自己的经历和故事，激励了成千上万的人。他不仅在全球范围内举办演讲活动，在演讲方面取得了成功，还出版了多部自传体书籍，如《人生不设限》和《永不止步》。在 2012 年时，其与女友宫原佳苗结婚，第二年春天，健康的儿子詹姆斯·胡哲出生了。

我们在自己的人生中，会遇到许许多多所谓的门槛，什么是门槛呢？其实就是"过去了就是门，跨不过去就是槛"，如此而已。从心理学角度说，超越自我就是挑战自身的舒适区，以追求马斯洛需求层次理论中的最高层次，即"自我实现"的需求。此外，超越自我也是一种心理调适的过程，就是在面对逆境和压力时，通过反思和调整心态，找到克服困难的方法，从而在心理上实现成长和超越。当然在这个过程中，我们可能会经历痛苦和挫折，这会让我们更加强大，更富有智慧。因此，超越自我，既是一个过程，也是一个结果。

《西游记》第六十二回"涤垢洗心惟扫塔，缚魔归正乃修身"，说的是唐僧一级一级从下至上、小心翼翼地扫去宝塔楼梯上的尘土。这个情景，我小时候一直不能理解，长大以后才慢慢理解，这个过程与我们的人生有异曲同工之妙，此乃人生之四大智慧矣。

第一层智慧是"起点低，才能不忘初心"。唐僧扫塔的行为，寓意着要一层一层地清除内心的杂念，从第一个台阶慢慢往上扫，意味着我们的自我提升之路，都是从最低点开始一步一步往上走的，就像爬山一样，每个人都要从山脚一步一步走到山顶。中国台湾当代作家、散文家林清玄曾说过，我想到，最容易被人忽略的是，山谷的最低点正是山的起点，许多走进山谷的人之所以走不出来，正是因为他们停住双脚，蹲在山谷烦恼哭泣的缘故。人生的起点往往就是我们的初心。我们的起点低，才要脚踏实地、谦逊务实地开始。

第二层智慧是"毋好高骛远，做好当下的事情，即当下净"。"过去心不可得，现在心不可得，未来心不可得"（《金刚经》）。诚然，那些过去的遗憾，是无论如何也无法挽回的。现在，我们还要面对各种各样的挑战和难题，各种机会也是转瞬即逝。未来，还没来，有各种不确定的因素，不能寄托于未来。每个人都有过去、现在和将来。对我们来讲，无论过去发生过什么，都已逝去。无论我们对将来有多少设想，都还没有发生。我们活在当下。唐僧扫塔，不管低层的台阶干净与否，过去了就是过去了，只要确保当下清明即可，即不纠结于过去的错误或失败，不为还没有发生的事情担忧，耗费心力。

第三层智慧是"当我们回头看，过去为不屑或不齿，即回头脏"。就是说当我们回头再看幼儿园时期的事情，为了一件玩具而哭得撕心裂肺，是不是觉得很幼稚？这就对了，说明我们的心智比幼儿园时期提升了，否则，我们和幼儿园小朋友没有差别！唯有当我们的精神境界提升到了更高的一层，才会发现之前的不足和缺陷。就像唐僧不在意刚刚走过的那一级台阶，是否已经脏了，保持当下那一级台阶的干净就好了。

第四层智慧是"我们就是平常人，做平常事，即平常道"。做事做人，要有平常心，唯有认为我们是平常人，才不会去走所谓的"捷径"，才不会做坑蒙拐骗的事情。曾有这样一个故事：一日，行者问和尚："您得道前，做什么？"和尚说："砍柴、担水与做饭。"行者问："那得道后呢？"和尚说："还是砍柴、担水与做饭。"那行者说："得道前后都一样，何谓得道呢？"这时那和尚十分郑重地说："不一样。得道前，我砍柴时惦记着担水，担水时惦记着做饭；得道后，砍柴即砍柴，担水即担水，做饭即做饭。"做很平常的不起眼的事，就是修炼觉悟，即"平常是道"。

做职业规划设计时，要考虑你的家庭及背后的资源。但是，你的家庭及背后的资源，不是你能选择的，无论你的父母贫穷还是富有，这都是你无法改变的事实。但是，你的家庭及背后的资源都是有限的，有限的财富、有限的人脉、有限的智慧、有限的认知，且这是既定，你要获得职业成功，就必须突破原有的有限，完成自己的一次超越，否则你的高度永远无法超过你的家庭及背后的资源。

从心理学上讲，超越自我的目的是让自己获得心理满足，因为在超越自我过程中会发现自己的无数可能性。比如，近几年出现"斜杠"青年的社会现象，就是典型的年轻人自我超越动机使然，"斜杠"是对"作为一个完整的人，占有自己的全面的本质"理想的一种表达，期待一种面向未来、极具张力、极富可能性的人生，倡导生命的未完成性和生成性，认为人生并没有一种统一的发展模式。

在个体精神层面上，自我重建是"斜杠"青年的主要动力，个人兴趣往往成为引线，也就是说自己对一件事是否有兴趣很重要，他们的生活是由不同兴趣构成的。工作也是感兴趣才会做，这部分人群希望通过"斜杠"获得一种自我掌控感。

在个体物质层面，收入多元化是"斜杠"动机的重要构成。"我的个人目的，首先当然是经济上多一份收入，但也不是完全为了赚钱，尤其是随着导游收入越来越不理想，这份职业对我来说有了更多个人价值在里面"（引自网络媒体的社会采访者），"斜杠"整体上显著提高了青年劳动者的收入。

胜人者有力，自胜者强，这句话的意思是战胜别人的人有力量，战胜自己的人才是强大的，表达了一种自我超越、自我完善的精神，在追求胜利的过程中，要注重自我提升和内省，而不仅仅是战胜他人。超越自我最大的敌人就是自我设限，比如我们在生活中经常听到的那些话："我好像不懂""我好像做不到""我考试可能通不过"。西方心理学界对自我设限的研究已有很多年，自我设限是"在表现情境中，个体为了回避或降低因不佳表现所带来的负面影响，而采取的任何能够增大将失败原因外化机会的行动和选择"，说白了就是我们个体面对可能到来的失败，在完成任务之前预先设置障碍的行为。自我设限是人类为了给自己留有面子而产生的心理，从而通过行为体现出来，比如学生在考试来临前故意的拖延行为、故意睡眠不足、娱乐活动过多或考试前不复习等。

关于自我设限的著名实验是"跳蚤效应"。实验人员先将一只跳蚤放入玻璃杯中，由于跳蚤有很强的跳跃能力，能轻松跳出杯子。然后，实验人员将这只跳蚤放置于加盖的玻璃杯时，跳蚤每次跳跃都会撞到盖子，反复尝试都以失败告终。后来跳蚤调整了跳跃高度，每次跳跃都在盖子以下，进而适应空间受限的环境。在一周后，实验人员移除盖子，跳蚤再也不能跳出玻璃杯。

跳蚤实验告诉了我们，限制我们潜能的，往往是我们内在的思想限制，我们如果想打破自己的人生现状，首先要解除的就是我们自己内在的思想限制。前面的章节也说过了，每个人成长最大的敌人就是自己，唯有不断尝试，才能让你的人生有无限可能。生活中最大的两个问题：一个是我们在应该说"我可以"的时候，没有勇气说出来；另一个是我们在应该说"我不行"的时候，却怎么也说不出来。

美国心理学家、行为学家、人力资源管理专家莱曼·波特在1968年提出了"期望激励"理论，美国管理学教授弗雷德·路桑斯在2004年提出了"心理资本"概念，认为心理资本是个体一般积极性的核心心理要素，说的是"你是谁""你想成为谁"，具体表现为符合积极组织行为标准的心理状态，也是个体在成长和发展过程中表现出来的一种积极心理状态，促进个人成长和绩效提升的心理资源。我们今天所说的幸福感，实际上就是心理资本能否足够支撑一个人产生幸福的主观感受而已。

心理资本包括"自信、希望、乐观、韧性"这四项积极的心理特征。因此，拥有心理资本的人是指这样的人：其一，对自我有清晰的认识，知道自己是谁，知道自己将要成为谁，有自信完成自己需要完成的任务；其二，对于自己的目标有着清晰的部署，计划明确，有毅力；其三，能够正确对待或处理自己的情绪；其四，有很高的情商和逆商，不怕挫折和失败。

现在有个管理学名词叫"心力资本"，就是指心理社会能力，简称为心力，是指有效地处理日常生活中的各种需要和挑战的能力，能保持良好的个体心理状态，在"人—己""己—己""己—事""己—物"的相互关系中表现出适应和积极的行为能力。心力来源有两种类型，一类是天赋型的，就是那种来源于天生的、基因遗传的；另一类是后天学习积累型，就是那种在工作和生活中，在实践中不断成长和增强的。心力强大的人，能在面对各种挑战时保持积极的心态和行为，在事业中往往能够取得成功或成就。

心力资本与心理资本既有区别，又有联系。心力资本用于描述员工在工作中表现出的积极心理状态和行为。心理资本在研究和表述个人成长和绩效提升中起着重要作用，它不仅影响个体的职业发展和工作表现，还对个人的整体幸福感和生活质量有积极影响。心力资本主要应用于组织管理领域，特别是在员工培训和组织发展中，提高员工的工作绩效和适应变化的能力。两者都强调积极心理状态的重要性，都认为"自信、希望、乐观、韧性"起着非常重要的作用。

乔布斯是一位具有传奇色彩的人物，但他的成功之路充满了曲折。他的多次失败经历充分反映了他强大的心力。乔布斯的第一次失败经历，是他创立的公司因销售业绩不佳，陷入了困境。乔布斯进行了一系列的改革和创新，推出了 Macintosh，又因为公司内部管理问题而被迫离开了苹果公司。之后，他创立了另一家公司 NeXT，后来被苹果公司收购，乔布斯重新回到公司。可见，乔布斯的成功之路并不是一帆风顺的，他在职业生涯中也经历了重重磨难和挫折。

我们可以从很多成功人士的成功经验中得出一个结论，那就是心力决定人生的上限，强大的心力使他们往往有着比能力和认知更重要的加分项，认知就是确定你能看到一个什么样的世界，心力则决定你能否进入那个世界，心力强的人则更能在高维度开展运作，即所谓的"大行不顾细谨，大礼不辞小让"（《史记·项羽本纪》），所以往往就能更容易走向成功。稻盛和夫曾认为人是思想之物、精神之物，人的力量在心上。心力涣散，勇者也会胆怯；心力专凝，弱者也会变强，心力是越磨越强，越强大越有方向！

（三）成就自己的机会

按照马斯洛需求层次理论，存在正常心理需要的人通常希望或渴望自己事业成功，于是，有的人能抓住成就自己的机会，走向成功；有的人看不清成就自己的机会，犹犹豫豫、摇摆不定，致使错失机会。

这里有两个问题是需要思考明白的。第一个问题，什么是成就你的机会？靠别人给予你成就自己的机会，主动权不在于你，因为别人随时可能收回这种机会。靠上天赐予你成就你的机会，那完全是在拼运气，靠天吃饭太不靠谱。唯有自己给自己创造的机会，才真正是属于自己的机会。第二个问题，给自己创造的机会，别人为什么要配合你成功？这个就是成功的"势"，"势"是指可以影响、控制人的客观力量，也泛指局面、形势，你有"势"了以后，和你利益相关的人都希望你能成功，因为你的成功会给他带来利益。

《孙子兵法》有云："激水之疾，至于漂石者，势也；鸷鸟之疾，至于毁折者，节也。""故善战者，求之于势，不责于人，故能择人而任势。"在顺势、借势、造势中解决问题，赢得胜利或发展。我们常说顺势而为，在时机和条件成熟时顺水推舟，就比较容易取得成功。但是造势是比较难的，因为事物只有发展到一定程度，才能形成一定态势，比如台风的形成。因此，造势非一般人可为，我们作为普通人要学会借势，即借用别人的力量和平台取得资源并获取成功。

有一本畅销书《没有任何借口》，作者是瑞芬博瑞，于 2008 年由中国青年出版社出版，讲的是关于西点军校传授给每一位新生的第一个理念。书中的观点认为，每个人所做的工作都是由一件一件的小事构成的，成功者和普通人都做着同样简单的小事，唯一的区别就是，成功者从不认为他们所做的事情是简单的。《没有任何借口》的观点是：成就自己的机会，就是做小事！

成就自己的机会是指那些能够促进个人成长、提升自我价值并最终取得成功的机遇和时机。有一句话是"一屋不扫，何以扫天下"（《后汉书·陈蕃传》），意思是连一间屋子都不打扫，怎么能够治理天下呢？告诉我们要从小事做起，从身边的事做起，从自己做起，积累经验，才能够做好大事。这句话也告诉我们无论多么宏伟的目标，都需要从细微之处开始积累。

"合抱之木，生于毫末；九层之台，起于累土"（《道德经》）。任何伟大的事业都是从细小处开始逐渐积累起来的，唯以小事修炼心性，凭难事磨砺心智，才能去安安静静去做大事。做好小事，熬过难事，静成大事，是修身治国之要道。厚积薄发也是指那些卓越的人，在成功或有成就之前，大多不动声色，于无声处积蓄力量，从而做到一鸣惊人。

杂交水稻育种专家、享誉海内外的著名农业科学家、中国工程院院士、中国杂交水稻事业的开创者和领导者袁隆平，所研究的杂交水稻累计已在中国推广约 68 亿亩，增产粮食 6000 多亿千克，他为中国乃至世界的粮食生产发展做出了重要贡献。袁隆平在研究水稻的过程中经历了无数次的失败，"失败是成功之母"用在袁隆平这里是再恰当不过了。

卓越的人的一大优点是在不利和艰难的环境中百折不挠。这句话也符合唯物辩证法的观点。道路是曲折的，前途是光明的，新事物必将战胜旧事物！那些真正强大的人，常如静水深流般自带光芒，真正的强者通常是高深莫测，从不高调张扬。

满桶水不响，半桶水咣当，当桶装满水时，水面会变平静，几乎没有声响，而当桶中水仅为半满时，更加容易晃荡发出声音。"有能力和水平的人，往往是比较静的，而那半吊子的人往往给人家的印象就是比较夸张的"，是故"静而后能安，安而后能虑，虑而后能得"（《礼记·大学》）。

三、准确定位自己的职业锚

锚，是一种铁制停船器具，其功能是当船只需要停泊时，将一端（爪形）抛入水底或岸上，另一端（锚链）固定在船上，以稳定船体。任何人做任何事情，都有自己预先的设想，这个就是定位，只是不同事物的定位不同而已。职业锚，就是对自我职业的最佳定位。

职业定位是什么？其实也很简单，就是你想成为什么样的人。职业锚，用大家常说的一句话就是摆正位置，摆正心态，"天生我材必有用"，我们在自己的人生舞台，都有自己的位置，也就是"把自己当自己，把别人当别人，把自己当别人"，准确定位适合自己和自己合适的最佳位置就可以了。

1902 年，美国社会学家查尔斯·霍顿·库利在《人类本性与社会秩序》中提出"镜中我"理论，说人的行为很大程度上取决于对自我的认识。在学习、工作和生活中，如果你把自己定位成一个强者，你就会在面对问题的时候，想很多的办法；如果你把自己当作一个弱者，在面对问题时你会给自己找退路和借口。所有的强者与弱者，都是源自他的内心认知，特别是弱者往往认为自己是需要别人的，而不是去照顾他人。

人类总是高估了自己所没有的东西的价值。很多人在评价别人时很客观，但是面对自己就犯迷糊，毕竟谁都是第一次走人生的旅途，没经验嘛，但正因为是唯一的一次，才更要好好走人生的旅途。影响职业锚的因素有 3 个，即个人的核心竞争力、个人的兴趣爱好和个人的情怀。

（一）个人的核心竞争力

相关内容在前面的章节中已经阐述，此处不再赘述。

（二）个人的爱好兴趣

兴趣是最好的老师，当你对某事物产生浓厚的兴趣时，你就会主动求知、探索、实践，并且在这个过程中，你会很愉快，从而更加深入地了解和掌握该事物。兴趣是激发潜能、实现自我价值的重要动力。达尔文在他的自传中，也曾提到兴趣对他的重要影响。由此可见，兴趣是个人力求接近、探索某种事物和从事某种活动的态度和倾向，兴趣爱好是个性倾向性的一种表现形式。

每个人的父母基因、家庭、成长背景、学习经历、朋友圈等，都会影响自己的性格特点和价值观，也导致了每个人的兴趣爱好千差万别。如何判断自己的兴趣爱好是什么，其实很简单，就是关注一下自己的情绪反应就可以了。因为情绪是我们内心对外部事物的直接反应，当你在某些事情上表现出积极的情绪，或者对某些东西产生强烈的正向情感反应时，这很可能是你喜欢的。例如，你在玩游戏时会感觉很快乐和兴奋，那么你可能是个社交达人，社交互动是你的兴趣点；如果你对音乐、旅行等话题感到兴奋和愉悦，那么这些可能是你的兴趣所在。

有些人，工作时会感觉很快乐，有些人在工作时会感觉很痛苦。作家贾平凹认为，一个人最大的幸运，是他的爱好和走向社会之后的职业一致。这道出了许多人心中的向往和追求。从社会活动的角度来说，我们的工作就是为了生计而从事的一种社会活动，为此获得报酬，保证生存的物质基础，进而满足马斯洛需求层次理论的各层次需求，这个活动过程涉及各个方面。那么是在怎样的情况下，工作不再是一种负担和压力，那就是当兴趣爱好与工作一致时，在工作中就会体验到创造的快乐。就像很多学生问我，老师写书不累吗，看你怎么这么喜欢写书和写文章呢？这个活当然累呀，每天 10 个小时坐着写书，岂有不累的？但是当你把一个观点研究透了，形成了自己的新观点或思维升级的时候，那种喜悦也是不言而喻的，这点和很多同学打游戏通关的感觉是一样的。"饭疏食，饮水，曲肱而枕之，乐亦在其中矣。"（《论语》）讲的就是这个道理呢！

（三）个人的情怀

情怀是啥？很多人讲不清楚，百度上一搜索，说情怀是指充满着某种感情的心境。这种说法，理论上是对的，就是不够具体，也就是不够落地，特别是对在校的高中生和大学生来说，他们很难理解。

为天地立心，为生民立命，为往圣继绝学，为万世开太平，这是中国历朝历代的知识分子的家国情怀，没有这样的情怀即被视为缺乏知识分子应有的人性根本和思想境界。我们再简要地归纳一下，情怀就是人性根本和人思想境界的体现。每个人的情怀通常是不同的，这与其个人的成长、经历、文化背景等因素相关。

发行于2008年，由龚玥演唱的歌曲《为了谁》，其中的歌词"泥巴裹满裤腿，汗水湿透一背，我不知道你是谁，我却知道你为了谁，为了谁为了秋的收获，为了春回大雁归……"当你听懂了，你就是有情怀的人了，当然这不一定是你的情怀，只是说明你懂情怀了。可见，情怀还与你所在地域、时代息息相关，常常是与怀旧、回忆和感情投射等心理现象相关，是对自己理念或价值观的坚守和追求。因此情怀具有情感色彩，有时候也成为我们的精神寄托和情感支撑。

情怀是怎么修炼的呢？情怀一般始于兴趣，当把这种兴趣爱好坚持下来，并为之付出全部的时候，它就会逐渐衍生为你自身的情怀，有时候你的情怀别人不一定理解，原因就在这里。

作为我们普通人来说，没有一份工作是不辛苦的。有句俗语"世上无难事，只怕有心人"，只要肯下决心去做，困难总是可以克服的。我们换个思维，就是告诉我们要做成一件事情，过程总是存在困难和挫折的，能在多大程度上克服困难或挫折，取决于你的能力、信念和掌握解决问题的资源。很多事情，也许我们身边的人都放弃了，唯独自己能坚持下来并继续下去，我们靠的就是自己的信念，是一种发自内心的深爱，其实这就是一种情怀。

从事任何职业都有获取成功的机会，也就是任何人都可以取得职业成功或职业成就，但能取得职业成功或职业成就的人寥寥无几。你有了情怀以后，你就有职业认同感，就能以喜悦的心情面对工作，在工作中得到更多的快乐、感动、自我的价值感与认同感，始终把职业看作实现自身发展的舞台，从而越发热爱自己所从事的职业，在认同职业的同时认同了自我。

商朝末年军事家、政治家、西周开国元勋姜子牙，辅佐文王、武王、成王、康王四代周王，既主军又问政，武能安邦、文能治国，被视为姜氏齐国及齐文化的创始人。姜子牙在出世时，其家境已经败落，所以在年轻的时候杀过牛、卖过酒，但姜子牙无论在干什么始终勤奋刻苦地学习天文地理、军事谋略。据说，与马氏成亲，到 72 岁还一事无成，做生意经常赔钱，后在商朝任职，因纣王不接受他的合理化建议而辞职在家，被妻子马氏赶出家门，但无论何时何地，姜子牙无不沉浸在兵法中，并乐此不疲。80 岁，在渭河北岸的绿杨之下，周文王就冲着姜子牙这满满的情怀，当场与其同乘一辆车回宫，聘为太师，即"载与俱归，立为师"（《史记》）。

前面围绕职业锚的核心竞争力、兴趣爱好、情怀三个方面进行阐述，我们再来聊聊如何正确确定自己的"职业锚"。这也很简单，就是将自己所选择的职业在核心竞争力、兴趣爱好、情怀这三方面进行匹配，而且三个方面都要匹配度很高才能确定自己的职业锚。为便于理解，我们讲一个故事。

余老师家有一个农庄，种了几百棵苹果树，今年秋天苹果大丰收，他向动物界发布了一则"招聘启事"，招聘一名动物来担任摘苹果的工作。一天后，一头老黄牛"揭榜"来应聘摘苹果的岗位，如果你是余老师，你是否愿意聘用老黄牛？

此刻，绝大部分同学大概都不想聘用这头老黄牛来担任这个岗位的工作，为什么呢？理由可能是：（1）老黄牛不会爬树；（2）老黄牛肢体动作笨拙；（3）老黄牛蹄子是圆的，无法劳作；（4）老黄牛摘苹果效率太低；（5）老黄牛摘的苹果还不够老黄牛自己吃；等等。但是，我们面试的老黄牛是"面霸"，此"面霸"会反驳：（1）不会爬树，那就采用升降机，而且自带；（2）我动作很笨，但是谁也不是天生就会摘苹果啊，你们可以对我进行入职培训啊；（3）我的愿望就是摘苹果，这辈子不能做摘苹果的工作，我死不瞑目；（4）猴子摘苹果 1 元 1 个，我摘苹果 0.1 元 1 个，我不差钱，即使树上的苹果摘不完，我也可以全买走，绝对不会让农场主有损失；（5）我不会吃苹果，我会把职业品行摆在第一位；等等。在这样的情况下，估计很多同学都会说"要了算了"。

从成本费用支出说，老黄牛确实值得录用，成本低，而且无损失。但是从 HR 的专业角度看，这样的员工坚决不能要！因为老黄牛应聘摘苹果岗位，就是典型的职业锚错误。首先，分析核心竞争力，摘苹果岗位要求肢体灵活是作为岗位胜任力模型的第一特征素质，老黄牛的核心竞争力在脊背和力气，这是严重的人岗不匹配；其次，分析兴趣爱好，这个是符合的，没有问题，老黄牛不做采摘工作则死不瞑目，这表现出老黄牛浓厚的兴趣爱好；最后分析情怀，这个方面出现了偏差，老黄牛的情怀应该是耕天下可耕之地，而非摘天下可摘之苹果。很明显核心竞争力、兴趣爱好、情怀这三个方面与岗位需求没有高度吻合。

那如果我们录用了老黄牛并让他采摘苹果，结果会怎么样？我想结果肯定是，刚开始老黄牛会满怀激情和热情地摘苹果，慢慢地，工作热情和激情与日递减，到后面可能会很厌恶摘苹果而郁郁寡欢，最后辞职逃离这个工作。

可见职业锚定位不准确，要么是不停地跳槽换工作，要么是存在打工心态的钟摆式员工，严重者还容易得抑郁症。

我的母亲从小就经常教导我说世上没有废物，只有废人！以前没理解这句话，现在觉得这句话非常正确，所谓的废物或垃圾只是放错了地方而已，而废人就像行尸走肉了。职业锚出现了偏差，那自己就是一匹行走在沙漠中的千里马。

四、职业锚的类型及其特点

在 1978 年，美国埃德加·施恩（Edgar. H. Schein）教授通过对斯隆管理学院的 44 名 MBA 毕业生进行长达 12 年的职业生涯研究，提出了职业锚理论，并把职业锚分为 8 种类型，即：技术型职业锚、管理型职业锚、安全型职业锚、自主型职业锚、创业型职业锚、服务型职业锚、挑战型职业锚、生活型职业锚。

（一）技术型职业锚及其特点

这类职业锚的人，热爱自己的专业领域，并能通过学习、研讨等途径提高自身的专业技术水平，这类人群普遍智商比较高。

在学校的成绩比较优秀，在工作中比较喜欢从事纯专业技术的工作，愿意接受来自专业领域的挑战，其职业成就感来自自己的研究或发明，不善言辞，逻辑能力强，其思维模式比较按部就班，团队协作意愿较低，其对管理岗位不感兴趣。

技术型职业锚的人，其职业要围绕着他所擅长的一套特别的技术能力或特定的职业工作而发展，其职业成长只有在特定的技术或职业领域内才意味着持续的进步。这类职业锚的人，通常可以选择工程技术、信息计算、程序计算和系统分析等特定领域的工作。在情感中，会更偏向理性。

（二）管理型职业锚及其特点

这类职业锚的人，倾向于行政管理职能的岗位或工作，其认为职业成就或职场成功就是管理岗位职位的晋级，并不断为之努力，这类人群普遍情商比较高，其辩证思维能力比较强，对工作结果的思维模式会采取跳跃式，不喜欢按部就班，其人际沟通能力、组织协调能力、统筹规划能力、处理突发事件的能力比较强，而且具有将分析能力、人际关系能力和感情能力进行融合的技能。

在学校读书时期，成绩属于中上等，比较会玩，而且往往是孩子王，往往也是让老师和家长比较头疼的孩子。在职场中，其团队荣誉感高于其个人成就感，其认同感和成功感主要来自所在组织，与组织的命运紧密相连。

管理型职业锚的人，具有强有力的升迁动机和价值观，更倾心于组织金字塔的顶端，掌控权力和资源的欲望会随着职务晋升而越来越大。在情感中，会更偏向感性。

（三）安全型职业锚及其特点

这类职业锚的人，比较追求稳定、安于现状，属于小富即安的群体，偏好工作带给他们的安全感。这类群体，一般是家庭条件比较好的女生偏多，喜欢朝九晚五的工作，没有工作压力，不是很在乎薪酬的高低和职务升迁，但会比较在意是否体面，会特别关注长期的福利制度和就业保障。在工作中习惯于按照上级的要求行事，认同组织做出的安排和决策，更加喜欢维持现状。

在学校读书时期，成绩比较稳定且行为中规中矩，学习也努力刻苦，认真完成各项作业，一般是老师和家长比较喜欢的"乖孩子"。这类群体，比较关注的是工作的环境和职场压力，一般人际关系比较好，对是否能晋级不是很感兴趣。安全型职业锚的人不是毫无追求和抱负，还是具备一定的能力。

在职场中，会更注重个人的感受，其职业成就感和职业认同感来自其上级领导，其团队荣誉感来自团队氛围的和谐，其个人成就感来自职场安全和职业稳定，注重家庭与工作的平衡和谐。在情感中，会更偏向自我。

（四）自主型职业锚及其特点

这类职业锚的人，会追求身心自由自在，但是其专业技能或业绩在组织中是比较优秀的，在职场中往往会让领导感觉比较头疼，但是拼业绩又离不开他。其实，并不是他们人坏，而是他们不喜欢工作和生活节奏被打乱，不喜欢工作方式被干扰，不喜欢受到各种标准规范的约束，有点像独行侠。在职场中，这类人的性格往往比较豪放，比较在乎自己的感受。在外人看来，往往是属于那种怀才不遇的人。

在学校读书时期，成绩往往会忽上忽下不稳定，行为也比较怪异，在老师眼中属于另类，在家长眼中属于不太听话的孩子。这类群体，在职场中往往还具有一定的号召力，对同事也是比较热心，其个人认同感往往会高于团队荣誉感，角色类似《西游记》中的孙悟空。在情感中，会更偏向于自己是否认同。

（五）创业型职业锚及其特点

这类职业锚的人，非常看重自己是否能创造或发明，比如创办公司、研发、设计产品等。这类群体，敢于面对困难，渴望施展创造才干，并愿意为此冒险和承担后果。在工作中，他们希望组织不要设立过多的门槛，能够给予自己一定的自由，能够允许自己充分发挥创造才能，而且总是以坚韧不拔的精神和行动去实现创新构想。

在学校读书时期，成绩一直会非常优异，是老师和学校引以为豪的优秀学生，也是其他家长眼中的"别人家的孩子"，只专注于学习，在生活和感情方面往往比较迟钝，行为举止还会有些怪异，比如古怪的爱因斯坦就是这个类型。

在职场中，不太在乎别人的评价和感受，"你说你的，我做我的"。在情感中，往往会处于空白，因为有时候压根就不会产生情感，产生情感也是源自本能。

（六）服务型职业锚及其特点

这类职业锚的人，会把自己从事工作的意义和价值看得很重，为此可以牺牲很多，乃至生命，而对能否在工作中获取利益则基本不关注，认为工作的权力就是用来服务的。在其行为和思想境界上，体现为助人为乐、为社会服务、为人民服务、为国家服务，而且对组织忠诚，对自己的行为举止经常进行检讨，比较苛求自己的行为。

在学校读书时期，成绩一直会处于中等偏上，且社会活动能力强，往往是学生干部，具有感染力和号召力，正能量满满，演讲能力、表达能力、沟通能力、组织能力、协调能力都很优秀，对人文学科很有兴趣，有远大抱负，是老师、学校和家长眼中的优秀孩子。

在职场中，个人成就感来自各方面的正面肯定和表扬，也在乎个人综合能力的提升，希望能以自己的价值观影响他人，并与他人共享自己的价值观。在情感中，会偏向舍小家为大家。

（七）挑战型职业锚及其特点

这类职业锚的人，具有比较强烈的征服欲望，喜欢克服困难并主动迎接挑战，其成就感来自战胜别人或克服困难。其具有坚强的毅力，行为方面也较为自律，他们不喜欢一成不变的游戏规则，他们的工作效率往往也是比较高的。但是也存在团队协作意识偏低的问题，会给阻碍他挑战的人制造麻烦，对与自己价值观不同的人保持适当距离。

在学校读书时期，成绩较为优异，甚至在某些方面会出类拔萃，对团队成员而言缺乏亲和力，但也有两三个死党朋友，老师和家长有时候对其也会有那种"姥姥不疼，舅舅不爱"的感觉。在情感中，会偏向自我感觉。

（八）生活型职业锚及其特点

这类职业锚的人，比较注重工作、家庭、个人三者之间的平衡，期望工作、家庭、生活之间的融洽协调，会在意自己的兴趣、价值观和人生目标，认为工作只是生活的一部分，因此面对职业选择时不会随意确定。在职场中，通常具有积极的工作态度，也愿意承担有挑战性的任务，不断学习和提升自己的能力，也希望组织能尊重个人和家庭需要，在工作的时间安排上能够有一定的灵活性，不会让他们因为工作而牺牲与家人相处的时间。

这类人在学校读书时期勤奋刻苦，学习目标明确，可以将学习和生活安排得井然有序，个人的外在形象也不错，团队协作意识和能力也比较强，是老师和家长眼中省心的孩子。

在职场中，其个人成就感来自工作、家庭、生活之间的融洽协调，不会出现"跷跷板"。情感会比较细腻，也会比较敏感。

五、常用的职业性格测评工具

职业性格测评可以帮助我们更好地了解自己和职业方向，但是职业性格测评的软件或工具有数十种，功能上大同小异，在这里我给大家介绍几种常用且效果还不错的软件或工具，即 MBTI 测试、霍兰德职业兴趣自测、DISC 个性测验、十二彩色性格本色测试、九型人格测试、投射测验、盖洛普优势测试、三叶草模型。

（一）MBTI 测试

MBTI 也称迈尔斯布里格斯类型指标，是由伊莎贝尔·布里格斯·迈尔斯（Isabel Briggs Myers）和她的母亲凯瑟琳·库克·布里格斯（Katharine Cook Briggs）在荣格心理类型理论的基础上编制的一种人格类型评估工具。MBTI 的理论基础主要源于瑞士心理学家卡尔·古斯塔夫·荣格（Carl Gustav Jung）的心理类型理论。

MBTI 理论认为，人的心理可以通过四个维度来描述，即个体能量的流动方向：外倾（Extraversion，E）与内倾（Introversion，I）偏好；个体获取信息的感知方式：感觉（Sensing，S）与直觉（Intuition，N）偏好；个体处理信息的决策方式：思考（Thinking，T）与情感（Feeling，F）偏好；个体与周围世界的接触方式：判断（Judging，J）与知觉（Perceiving，P）偏好。

目前，MBTI 已经被广泛应用于职业测评与家庭咨询等相关领域。MB-TI 有助于人们认识自己，也有利于人们理解个体之间的差异，认识到每个个体认识世界的方式并不完全相同。但是，现在理论界认为，MBTI 在理论上的有效性仍然缺乏足够的实证数据支持，在没有足够研究证据支持的情况下，MBTI 在预测、归因与决策时可能会产生误导。

关于 MBTI 性格类型测试及结果分析，网络上有很多这方面的资料，大家有兴趣的可以自己去测试一下。

（二）霍兰德职业兴趣自测

霍兰德职业兴趣自测（Self – Directed Search）是由美国的霍兰德（John Holland）研究提出的理论和测评工具。霍兰德认为，个人职业兴趣特性与职业之间应有一种内在的对应关系，根据兴趣的不同，人格可分为研究型（I）、艺术型（A）、社会型（S）、企业型（E）、传统型（C）、现实型（R）六个维度。这六个类型并非并列的，而是有着明晰的边界。

霍兰德职业兴趣理论，主要从兴趣的角度出发，探索职业指导的问题，他明确提出了职业兴趣的人格观，使人们对职业兴趣的认识有了质的变化，在这点上，我是完全赞同的。特别是对于大学生和缺乏职业经验的人，霍兰德职业兴趣理论可以帮助他们做好职业选择和职业设计，帮助他们进行职业调整，从整体上认识和发展自己的职业能力，职业兴趣也是职业成功的重要因素。在我国的高校里，运用霍兰德职业兴趣自测为学生做职业规划还是比较常见的，相关软件开发也是比较成熟的。

关于霍兰德职业兴趣自测及结果分析，网络上有很多这方面的资料，大家有兴趣的可以测试一下。

（三）DISC 个性测验

大部分心理学家都认为，人格会对行为产生影响。美国心理学家雷蒙德·卡特尔认为人格是一种倾向，可以预测一个人在给定情境中的行为，它是与个体外显的和内隐的行为联系在一起的。

20 世纪 20 年代，美国心理学家威廉·莫尔顿·马斯顿创建了一个理论来解释人的情绪反应，采用了四个他认为是非常典型的人格特质因子组成了"人格特征"，即 Dominance（支配）、Influence（影响）、Steady（稳健）和 Compliance（服从）。1928 年，马斯顿博士在他的《正常人的情绪》一书中，提出了 DISC 测试。

DISC 测试首先被运用于美国军方进行军人的筛选工作。在第二次世界大战中，其价值越来越受到军方的重视，在第二次世界大战后，DISC 也被推广为普遍的商业性招聘用途。

从心理学角度说，DISC 是一种行为学分类理论，与 MBTI 等性格分析方法不同，它采用量化分析系统，DISC 的四个类型及其特点：

（1）D 型（Dominance，支配型）。

特点：行动力强、注重结果，喜欢挑战。

行为表现：说话快，决策快，敢冒险。善于设定目标并采取行动去实现。

（2）I 型（Influence，影响型）。

特点：热情开朗、富有感染力，能够激发他人的热情。

行为表现：能说会道，广交好友。团队中的活跃分子，能营造氛围。

（3）S 型（Steadiness，稳健型）。

特点：性格稳定，有耐心，善于倾听，注重团队合作。他们注重和谐，不喜欢冲突。

行为表现：慢慢来，善协调。是可靠的支持者，能稳定后方。

（4）C 型（Compliance，服从型）。

特点：想得多、注重细节、追求完美。喜欢按规则办事，对质量要求高。

行为表现：谨言慎行，盯着数据和事实。是团队中的专家，能够提供准确的信息和建议。

DISC 比较侧重于量化分析，能帮助人们更直接客观地评估自己的职场角色和发展方向。DISC 设定了 27 种团队角色，能帮助团队中的人找到自己的位置，并且更好地达成共识。而且在企业的人才体系建设工作中，

DISC 结合岗位画像、人才盘点等，为工作者提供客观的量化途径，在岗位匹配度、团队文化契合度等方面给出具体数据。

因此，DISC 为人们提供了一种了解自己和他人行为风格的有效工具，在各个领域都有广泛的应用价值。

关于 DISC 的自测及结果分析，网络上有很多这方面的资料，大家有兴趣的可以自己测试一下。

（四）十二色彩性格本色测试

十二色彩性格本色测试，是运用心理分析的理论，采用了四种色块（红、绿、黄、蓝）作为艺术视觉本能投射。让测试者以直觉的第一反应去组合自我心像的任何事物，以看见自己真实性格的测验。

十二色彩性格本色测试共计九张正方形的艺术心理分析图卡，无任何方向性，但是每张卡牌都蕴含着特定的性格特质和情绪状态。该测试方法是将人格分为四大类：①红色性格，是行动至上的目标主义者；②绿色性格，是人性考虑的人道主义者；③黄色性格，是需要保障的现实主义者；④蓝色性格，是突破现状的理想主义者。测试者以个人的内在感觉，很直观地说出第一印象看见的东西（限固态），这个形象用什么颜色组成的（一至四种颜色），何种颜色是该物体的重点颜色，依次把九张图卡的内容说出，从红、绿、黄、蓝四个颜色可以测出他的性格类型。

性格色彩密码是由美国的泰勒·哈特曼博士提出的。在《FPA 性格色彩入门：跟乐嘉色眼识人》一书中，乐嘉详细描写了性格色彩，它能够帮助人们快速洞察自我、解读他人，是性格色彩领域一大突破，使色彩性格本色测试的应用更加普及化、大众化，这种具有中国特色的心理投射技术，在企业中得到了广泛运用。

色彩性格卡牌，以红、蓝、黄、绿四种颜色为基本元素，它们之间存在一定的对应关系：红与蓝代表情绪和基础性格；红色象征乐观，情绪多变但相对稳定；蓝色则代表悲观，具有自律性，情绪也较为平稳。黄色代表坚定的目标导向，有时带点执着，而绿色则显得缺乏主见，偏向于和谐共处。

色彩性格卡牌总共有 12 张，每张牌有 24 面，1 分牌代表性格中的优势，2 分牌则代表一个人的价值观、认知和观念，3 分牌代表性格中的过渡部分。通过卡牌，可以最为直观地感受自己当下的状态，然后通过洞见的技巧一点点梳理清楚，最后修炼成自己应该成为的美好又真实的自己。性格色彩卡牌是一个非常有用且接地气的心理学工具。

关于十二色彩性格本色测试，网络上有很多这方面的资料，大家有兴趣可以自测。

（五）九型人格测试

九型人格是由斯坦福大学医学院临床精神科教授戴维·丹尼尔斯提出的，但是九型人格理论的历史及来龙去脉已无从稽考，而九型人格的起源可追溯到两千多年前中亚细亚一带。

九型人格理论不仅揭示了人们内在最深层的价值观和注意力焦点，还是一种性格分析工具。这个系统包括九种不同的性格类型，每一种都有其独特的特点、动机和行为模式，每个人的性格都是由其内在的核心动机和外在的行为表现共同构成的。

这九种人格类型分别是，①完美主义者：他们追求完美和原则，对自己和他人都有很高的要求。他们注重秩序和规范，渴望做到正确无误。②给予者：他们乐于助人，关心他人的需求，总是愿意伸出援手。他们通过帮助他人来获得自我价值感和被爱的感觉。③实干者：他们追求成功和认可，注重形象和社会地位，他们勤奋努力，为了实现目标不惜付出一切代价。④悲情浪漫者：他们追求独特性和自我表达，情感丰富且容易感到与众不同或孤独，他们渴望找到自我身份，并通过独特性获得认可。⑤观察者：他们独立，善于观察和分析，他们渴望知识和能力，通过学习来保持自己的安全感。⑥怀疑论者：他们对世界充满怀疑，对威胁的来源不甚了了。他们谨慎小心，为了安全起见会预想最糟的结果。⑦享乐主义者：他们追求快乐和自由，乐观开朗且喜欢尝试新事物。他们通过追求多样性和体验来逃避痛苦。⑧保护者：他们追求力量和控制，果断、自信且保护欲强，他们愿意保护自己和他人免受伤害，并通过力量来避免被控制或伤害。⑨调停者：他们追求和谐与平静，避免冲突并愿意妥协，他们善于了解每个人的观点，但往往不清楚自己所想所要的是什么。

可见，九型人格不仅是一种性格分析工具，还是一种自我测试工具，通过回答问题来反映个人的个性和世界观，没有正确与错误之分，它仅反映你自己的个性和你的世界观。

近年来，九型人格课程备受美国斯坦福大学等国际知名大学 MBA 学员推崇，已风靡欧美学术界及工商界。前几年，在中国的企业管理界和高校也曾风靡一时。目前，九型人格作为一个人格心理学理论还未被主流心理学界认可。

关于九型人格的自测及结果分析，网络上有很多这方面的资料，大家有兴趣的可以去测试一下。

（六）投射测验

投射测验，心理学的一类人格测试方法，是给被试者提供一种模棱两可的多义刺激物，然后要求被试者在极短的时间内立即做出反应，因为在回答问题的过程中，常常把自己的真实情绪、情感、态度、需求、动机、观点、信念和个性特点等心理活动，投射在个人的反应之中，主测试者通过专业测试，就可以知道被测试者的心理状态和个性心理特征。优点是，能使被测试者的个性特点得到自由表现，克服了以问卷形式测量个性的局限性。

投射技术测试，最早是心理学家应用于临床治疗，后来推广到企业广泛运用，比较著名的有罗夏墨迹测验和主题统觉测验等，但是测验的信度和效度一般并不是很高。

罗夏墨迹测验的测验材料为 10 张墨迹图，其中 5 张是深浅不同的黑白图片，2 张黑白图加了红色斑点，3 张是彩色图片。主测试者按一定顺序让被测试者一张接一张地看墨迹图片，并让被测试者说出他看到墨迹图形像什么，由此他想到了什么。由于墨迹测验使用的是图片，不受语言文字的限制，因此可以广泛应用于人格发展和跨文化研究。

主题统觉测验（TAT），是 1935 年由美国心理学家 H. A. 默里提出的。全套测试共有 30 张黑白图片，根据被测试者的年龄、性别，采用不同图片进行测试，要求被测试者根据图片讲故事，每个故事约 15 分钟，记分时要同时考虑故事的内容（情节、背景等）和形式（如长度、种类等）。该测试对于了解被测试者与其父母的关系尤为有用。

房树人测验，又称屋树人测验，它开始于美国心理学家 John Buck 在 1948 年发明的"画树测验"，被测试者只需在白纸上分别画屋、树、人，就算完成了测试，这三者有互动作用，可看出被测试者与家庭的关系。

关于投射测验，网络上有很多这方面的资料，大家有兴趣的话可以自测。

（七）盖洛普优势测试

盖洛普优势测试是可以用来识别一个人的隐性天赋、潜在优势、驱动力来源的工具，它把人的思维方式、感受形式、行为模式总结为 4 大领域，即执行力、影响力、关系建立、战略思维，以及 34 个才干主题，通过识别这些主题，我们可以更清楚地了解自己的天赋所在，从而更有针对性地进行职业发展和自我提升。

盖洛普优势测试是一个性格测试，它可以测出来人们下意识的、反复出现的、能高效利用的思维模式、行为模式和感受模式，也就是说，测出了人们是怎么思考、怎么行动、怎么感受的。

盖洛普优势测试基于积极心理学，可以帮助我们系统地识别自己的核心优势，让我们更清楚地知道自己在哪些方面具备天然的能力。

大家如果有兴趣，可以学习《盖洛普优势识别器 2.0》，并对自己进行测试。

（八）三叶草模型

曾在新东方担任词汇老师，专注于青年人成长和职业生涯规划的古典老师提出了三叶草模型，即职业生涯的三个主要变量：兴趣、能力和价值，只有这三个变量的交集，才被认为是理想职业。

三叶草模型所定义的一个理想职业，应该是自己感兴趣的、有能力完成的，并且能够带来个人价值的，缺失任何一项都会降低对职业的满意度。而且通过运用三叶草模型，可以评估当前工作是否接近自己的理想职业，并有针对性地提高某些变量的得分，以提高职业满意度。大家对古典老师的三叶草模型有兴趣的，可以购买其著作学习。

第五篇

5

面试求职攻略

在前面章节也说到了职业生涯规划，即在人生的每个阶段干每个阶段该干的事情，从大学毕业到 30 岁属于"投资自己，有的放矢"阶段，"投资自己"是指提升自己的专业知识、职业技能，丰富工作经验等，"有的放矢"是指职业目标必须明确。求职面试的拟就业岗位符合自己的职业目标是非常重要的，否则自己只会在这个岗位上越干越不喜欢、越干越累，最后往往会选择逃避或跳槽，很难成就职场的成功。

一、求职前，先摆正自己就业心态

近年来，随着"Z 世代"年轻人步入职场，他们为企业带来了激情与活力，但其职业稳定性问题也常给企业带来损失。在职场上，"Z 世代"敢于"裸辞"。同时，HR 约"Z 世代"面试，被"放鸽子"的理由也很多，我整理出以下 50 条：

- 太远（路上时间浪费太多）；
- 太近（怕家里人查岗）；
- 太累（担心身体吃不消）；
- 太闲（容易无聊）；
- 钱少（不够用）；
- 钱太多（怕能力不够）；
- 人少（公司没人气）；
- 人太多（人多口杂容易有矛盾）；
- 压力大（容易精神压抑）；
- 没晋升空间（没发展空间）；
- 没位置（不能展现个人能力）；

- 责任重（怕自己扛不住）；

- 环境差（影响心情）；

- 领导不好看（影响心情）；

- 面试官不好看（影响心情）；

- 前台不好看（影响心情）；

- 迟到会被扣钱；

- 有业绩压力；

- 不能无故请假；

- 不能带饭；

- 周围没有商业街买外卖；

- 每次开会都听业绩反馈；

- 杂事多；

- 今天心情不好；

- 今天下雨；

- 今天太热；

- 下车要走超过 100 米；

- 路边等车时间长；

- 刚和男/女朋友分手；

- 要做笔试；

- 要做机试；

- 邀约声音不好听；

- 自己不想工作，想再多玩玩；

- 年初；

- 年中；

- 年底；

- 原公司福利没发；

- 面试公司假期太少；

- 面试公司福利少；

- 面试公司地址不好找；

- 面试公司在园区太里面，不好找；

- 走到半路想做别的事；

- 要等面试官超过 10 分钟；

- 自己提早到了，却没人面试；

- 自己晚到了，公司都下班了；

- 面试公司周六周日不面试；

- 今天没合适的衣服穿；

- 今天路上等了超过 3 个红灯，可能不宜面试；

- 睡过头了；

- 临时不想去了。

对一位人才的培养，组织一般要经过三年的考查期或观察期，而员工个人为组织做出最优绩效的时期一般也在第三年。一般情况下，第一年，员工和组织尚在磨合期；第二年，员工可以顺利或圆满完成单位分配的工作；第三年，员工可以主动进行创新型工作。大多数情况下，那种一年跳槽一次或多次的年轻人，四五年过去后在职场的状态还是如同第一年那样，而且负能量特别多，总是在抱怨单位不给他机会、不赏识他、不肯定他。

二、职场中优秀员工与普通员工的区别

在职场上，千万不要轻易跳槽，你在这家单位遭受不公平，你换一家单位也是一样的，区别不大。你要提升自己解决问题的能力和创造价值的能力，因此，所谓的不公平不是单位给的，而是多方面因素造成的，其中不乏个人因素。我总结了优秀员工与普通员工的区别，有以下几点。

1. 刚入职时，对薪酬的理解

优秀员工：看重宝贵的工作经验，相信只要有丰富的经验，不愁拿不

到高薪，不会很看重目前的薪酬待遇。

普通员工：非常看重薪酬的高低，没有想过通过努力学习、掌握丰富的工作经验和技能。

2. 对待工作中出现的问题

优秀员工：碰到问题会主动分析问题，并通过各种手段去解决问题，慢慢培养自己解决问题的能力，用积极的态度去面对问题，在工作中肯吃亏和吃苦。

普通员工：对问题采取抱怨的态度，而没有想办法积极、主动解决，采取等待指令或拖延的策略，不肯付出。

3. 在执行力方面

优秀员工：对上司交代的工作，会积极去做，不但能给领导呈现结果，而且随时会向领导汇报工作进展和困难；遇到问题会积极与上司沟通，寻找支持，执行力强。

普通员工：对上司交代的工作，先去上网查，能下载就下载后交差，不能下载也不用心去做，而且磨蹭，一般不会向领导交流汇报工作过程，完成工作后通常等待领导过问后交差，执行力差。

4. 关于职场中摆出自己的个性

优秀员工：为人低调、谦逊，能协调好与领导、同事的关系，善于隐藏个性，人际关系非常好；个人情绪控制得体，表现得情商很高；同事、领导和他在一起，会感觉很开心和愉悦；个人格局比较开阔。

普通员工：个性张扬，自以为原则性很强，喜欢以自我为中心，比较情绪化，不善于处理自己与领导、同事的关系，往往给人一种浮躁的感觉；表现得情商低，经常会使他人不开心。

5. 在 8 小时以外，就是关于下班后的时间

优秀员工：下班后会抽出一定时间回顾这一天的工作内容，反思不足，规划第二天的工作内容，努力做到一日三省。充分利用业余时间学习知识、积累人脉关系，每周安排一次与公司以外的朋友聚会，懂得"你的明天，取决于你今天在干什么"和"事业成功在 8 小时以外"，第二天早

上起床的意识是"又可以上班了"。

普通员工：下班后的时间，往往通过看电视、打游戏等方式度过；第二天早上起床的意识是"又得上班啊"。

6. 对待工作重点

优秀员工：能很好地做好工作规划，抓准核心工作内容，即使很忙也能井然有序，即使工作再多也不会手忙脚乱。面对突发危机事件，能不乱方寸，向领导汇报工作思路清晰、逻辑性强。办公桌上的物品整整齐齐、井然有序，办公室打扫得干净整洁。

普通员工：工作杂乱无章，搞不清楚工作的核心内容；工作往往忙得手足无措，看上去很忙实则效率低下；办公桌上的物品散乱堆放，不注重办公室环境整洁。

7. 在与客户沟通方面

优秀员工：能很好地处理与客户的关系，准确地找到客户的实际需求，并结合客户需求达成销售，往往事半功倍，有以"客户需求为准"的服务意识。

普通员工：和客户的沟通仅局限于送货收款等本职工作，没有考虑到客户的实际需求，往往工作很辛苦，但是成效很低，为客户服务是以"我的工作"作为出发点的思维模式。

8. 在领导对自己的批评上

优秀员工：能虚心接受批评，正确认识自己所犯的错误，并积极改正。他们认为领导对自己的批评是爱护自己，能让自己快速成长。同时，他们要求自己在同样的问题上不犯第二次错误。

普通员工：对忠言逆耳理解得不透彻，总认为自己想的是对的，把领导或资深前辈的意见或建议不当一回事，我行我素，经常犯低级错误，认为领导的批评是给自己找碴儿，不但不接受批评还骂领导甚至怀恨在心。

9. 在自己的职业规划上

优秀员工：有自己的职业规划目标，知道自己想要什么，也知道如何努力，并能把大目标分解成阶段性小目标，采取各个击破的方式。每天、每周、每月、每年都能完成自己确定的目标，善于分析我是谁，虚心向前辈请教和学习，想到了，就去做，就去行动。

普通员工：有自己的职业规划，但更多地强调客观理由，如条件不成熟再等一等，理想和想法很多，但没有行动。

三、HR 面试考查候选人的能力有哪些

HR 在面试求职者时，为了了解该求职者与其求职岗位是否合适，比较倾向于考查求职者以下 8 个方面的能力。

1. 沟通能力

沟通能力指运用适当的语言，包括肢体语言，清晰地表达自己意见的能力。

2. 跟进意识和能力

求职者应具备跟进意识，主动关注工作进展、客户需求与任务动态；同时要有能力合理规划时间节点，达成预期目标。

3. 主动性

主动性指能积极和自发地采取行动，以达到目标或超越所需的要求，不会完全依赖指示行动。

4. 策划与组织能力

策划与组织能力指为他人及自己设定一连串行动，并有效分配人力和其他资源的能力。

5. 目标导向

目标导向指能细心和全面留意工作的各个层面、范围和细节，以完成任务；能准确审查所有工序及任务；能在一段时间内保持高度的注意力。

6. 责任心

责任心指能为自己及机构订立高远的目标或严格的工作标准。由自己

主动选定及确立优秀的工作标准，而非他人加诸身上。

7. 个人魅力

个人魅力指能在别人心中留下好印象，获得别人的关注及尊重。

8. 分析和解决问题的能力

分析和解决问题的能力指有决定决策纲要，会考虑所有要素，能权衡利弊得失，有需要时及时知会他人，能坚持采取最有利的行动。

候选人在回答 HR 提出的面试问题时，应做到两点：第一，根据自己对所应聘的行业、单位、产品等的认知，事先了解这个岗位的特质或特性，以及岗位所需的专业知识。第二，快速分析面试官考查的能力点。面对专业问题，切不可敷衍或不懂装懂。在能力方面，利用以往积累的经验进行快速提炼，要能回答到关键点上，能结合岗位特征或要求进行回答。

四、须了解或掌握求职目标岗位的胜任力模型

关于胜任力，在前面的章节中已有阐述。在面试中，考查候选人的胜任力包括考查候选人的知识和技能，更重要的是强调影响绩效的其他非技术型特征（如主动性、理解能力、客户意识等），主要以动力特征和情感智力特征为主。具有这些特征的人，往往绩效水平会高于一般人群。

简而言之，一个人要在工作中有出色的表现，首先应具备动力特征（具有强烈想做好工作的愿望），其次应具备情感智力特征（要有与他人合作共事的能力），最后应具备认知能力特征（具有很强的分析问题的能力），这就是胜任力模型。

每个岗位的胜任力模型是不一样的。大家可以参考以下五个岗位的胜任力模型（见图 5-1 至图 5-5）。每个岗位胜任力模型的特征或素质有十几项甚至几十项，这里仅将重要的几项罗列出来。

图 5 − 1　基层管理岗位胜任力模型

图 5 − 2　中层管理岗位胜任力模型

图 5 − 3　高层管理岗位胜任力模型

图 5 − 4　销售岗位胜任力模型

图 5 - 5　财务岗位胜任力模型

　　上述 5 个岗位胜任力模型，是在企业中常见的。大家仔细看一下，是不是每个岗位的胜任力模型都是不同的？比如：基层管理者只要根据规章办事就可以了，这个岗位是企业风险的第一道防火墙，所以基层管理者一定要遵章守则；而中层管理者呢，遵章守则已经不是重要的特质了，因为这个层次的管理者已经不负责具体业务，组织协调、团队建设能力是重要的能力。因此，有些人在基层管理岗位做得很优秀、很出色，但是被提拔到中层管理岗位后却很难胜任，就是因为他们缺少一些中层管理者应具有的特质或素质。

　　再比如性格外向、表达能力比较强的求职者适合做销售，不适合做财务，与财务岗位匹配度不高。

五、求职前，必须确定最适合自己的职业目标

　　关于这点，在前面的章节中已有很多地方进行过阐述。我每年在高校招聘时，总有 30% ~ 50% 的学生会选择跨专业或转专业应聘。问及原因，几乎回答不外乎"高考填专业自己不懂，随便填的""当初，家里亲戚认为这个专业比较好找工作""这个专业是父母选择的""我不喜欢这个专业，以后也不打算干这个"等，这样的求职基本是以失败告终。

　　我也曾调查和访谈数百名高校生，表示"喜欢自己所学专业"的学生

不到40%，大部分回答"一般""还行""不知道"。这样的回答令人担忧。不喜欢所学专业，那努力学习也很难，大多学生只打算混到毕业即可，何谈职业生涯规划！大学专业不一定决定一个人的命运，但是大学四年经历却是一个人在职场获得成功不可或缺的基石。都说学以致用，大学学习的知识和技能，是否能用在职场？

确定最适合自己的职业目标，在前面章节中也讲到了职业锚，各位要充分运用职业锚，确定最适合自己的职业锚，再确定自己的职业目标。从人力资源角度来看，一个人的成功，就是发挥了自己的特长而已，即所谓的"长板效应"。不要做"沙漠中的千里马"！

HR在招聘时会考虑人岗匹配度，除了测试求职者的专业知识，还会进行相关的性格测评和稳定性测试。不同职业需要不同性格，各岗位具有不同的胜任力模型，对求职者的要求也各不相同。例如，要从事研发岗位，就必须具备扎实的专业知识、丰富的实践经验、认真严谨的性格，有不断学习和创新的能力、优秀的团队合作能力。如果要从事销售或市场营销岗位，必须具备人际敏感性、说服力。

上述两个岗位要求的特征或能力是不一样的。以小见大，当有求职者说"我什么工作都可以胜任"时，我是持怀疑态度的。

六、有效编写自己的求职简历和求职信

求职简历的形式就是求职者的外表，简历的内容就是求职者的思维。如何让面试官对你印象深刻，不仅靠你的外表，还要靠你形式比较独特、内容比较有用的简历。

1. 求职简历的形式不可敷衍了事

我每年都去浙江大学、浙江工业大学、浙江财经大学等高校，给应届毕业生开展如何编写简历的讲座，每年也给许多同学或朋友家的孩子指导编写简历。

在做讲座或进行指导之前，他们给我看的简历基本上千篇一律，通常是照着从网上下载的模板来编写的。这样写求职简历有什么问题？还真没有问题。但是，要想在众多求职者中胜出，简历就必须能"博眼球"。

我曾经对话一个标杆企业的 HR，其所在的单位每年招聘应届毕业生约 300 人，每年校招收到的简历约 18000 份、从网投渠道收到的简历约 26000 份，可是人力资源部门就她一个人负责招聘。我问她，会花多长时间浏览一份简历？她回答"仅 2～3 秒！"如果求职者简历与他人的大同小异，那么可能连面试通知的机会也没有！

我有一次在杭州某高校招聘时，收到一份女生的求职简历，我特意花了 5 分钟与她交流，感觉她还是个不错的学生，就留下她的简历，待回单位后进一步约谈，拟进入二面。大约过了半小时，又过来一位女生递给我简历，这份简历的格式和内容与前面那位女生的非常相似，我就很好奇地问了一句："你和××同学的简历怎么如此相似？"这位女生说："我们是同一寝室的。"听闻此言，我拒绝与前面待通知面试的女生和现在这位女生作进一步的沟通。连给自己写求职简历这样的事情都不认真对待，那么以后工作的主动性和创新性是可想而知的，作为 HR，我不喜欢这样的员工。

有一次，我在浙江工商大学招聘，来了一位韩语专业的女生，求职岗位是行政文员，当她将其编写的简历递到我手中后，我对她没有进一步面试，就决定录用了，因为这位女生非常用心地编写了自己的简历，她将自己的求职简历设计成了活页小相册，活页用铜版纸打印，镂空部分用红丝带串起来，设计得非常得体，是我迄今为止收到的最喜欢、最有创意、最漂亮的一份简历。这样用心编写求职简历的人，通常在以后的工作中也会非常用心。

2. 求职简历的基本内容和信息

求职简历的基本内容中必须有：姓名、性别、政治面貌、籍贯、生源地、学历、健康状况、身高、家庭地址、邮编、联系电话及个人免冠照片。

　　我有一次去浙江某高校给学生做就业指导讲座，课后与就业处的一位老师交流，他说："余老师，学生简历中的籍贯可以不填。"这位老师说的也有一定道理，因为有些面试官对某些地域生源带有歧视，或者因特殊因素有意规避相关生源的学生。但是，我认为，籍贯入职时还是会清楚表明的，如此情况下可能会做无用功。所以，我认为填上去较好，万一招聘专员或者面试官是你老乡呢？这样胜出概率就又大了几分。我在大学毕业时，参加上海的一家企业招聘，负责招聘的面试官是浙江黄岩人，尽管一起面试的人中有好几位是知名大学的研究生，但因为我是浙江人，而且我的专业功底和综合能力达到了岗位要求，就决定录用我。

　　简历上的照片，可以适当美化一下。高颜值的求职者，求职成功的概率也会高一些，虽然不能保证入围，但会是加分项。不过，可别美化过头了，以免造成面试官的心理落差。有一次，我的下属，一位招聘专员给我拿来了一份网投简历，打印出来的照片堪比明星，可约来面试时，发现其本人与照片差距太大，最终由于她给该招聘专员造成了巨大心理落差而被淘汰了。

　　编写简历时要特别注意简历中的细节，如电话号码等。有些粗心的求职者在简历上留下的电话号码少一位或多一位数字，这样既不便于 HR 联系你，也给 HR 留下粗心的印象。有一次我在杭州某高校招聘，来了一位男生，他求职的岗位是市场营销，这个男生是机械自动化专业的，面试的结果不错，我当时很想录用他，但最后还是被我淘汰了，因为当我要收下他的简历时，发现这个男生简历上的电话号码居然不正确，如此粗心的行为，难免让我推测他以后在工作中也会如此粗心。

　　除了电话号码，学习成绩、外语水平、获奖情况也需要补充完整，这些都能说明求职者的能力，获奖情况是求职者得到了学校或学院等组织认可的有力证明。

　　对于综合素质鉴定、院系意见等，这些内容基本千篇一律，只能说明这是一个合格的毕业生，所以 HR 看一眼即可。

如果求职者有特长（如琴棋书画、舞蹈、体育等），也需在简历中写明，这些特长在同等情况下将是你的加分项。

简历里面要突出和重点讲述自己的社会工作或勤工俭学经历，特别是与应聘岗位有关的经历。为了增加说服力，可以在简历里附上自己的专业应用成果或者相关机构和单位的书面证明、证书，并附上有关证书的复印件。例如，把"我于2022年暑假在杭州某贸易有限公司担任销售人员，暑假实习期间，较好地完成了销售目标，业绩突出"修改为"我于2022年暑假在杭州某贸易有限公司担任销售人员，暑假实习期间，我累计销售5000份产品，为公司创造20万元利润"，大家感觉怎么样，是不是能力明确多了？还可以进一步修改为"我于2022年暑假在杭州某贸易有限公司担任销售人员，暑假实习期间，我累计销售5000份产品，为公司创造20万元利润，在全公司暑期30名实习人员中，业绩排名第一"，是不是感觉一下子高大上了许多？

求职者一般会在简历最后做一点补充信息和自我评价，建议大家一定是对自己正向和正能量的展示。如果写"本人性格认真负责，但是不喜欢加班"，哪位HR敢用你？在今天的职场上，谁敢保证不安排你加班呢？

求职简历的封面，大家可以根据自己的个性和喜好进行设计。例如，女性的简历格式和模式的设计可以相对婉约，男性的简历格式和模式的设计可以相对豪放。

有些求职者将简历编写得非常好，有图有真相，有数据有分析，有经历，有总结有分析，条理清晰、语言简洁、逻辑性强，特别是在工作经历或社会实践部分，对所学专业知识运用得非常充分，并配上了生活照片和实践照片，还原了生活和工作中的自己，很值得大家学习。

3. 写出一封出色的求职信

（1）写求职信要考虑的五个问题。

①雇主需要的人才需要什么技能和知识？

②你的目标岗位是什么？

③你能列举哪些自身优势与目标岗位相匹配？

④你的工作经历和实践经验与目标岗位关联度如何？

⑤你能够为雇主创造什么价值或提供什么服务？

（2）求职信可分四部分，分别为标题、称呼、正文、结尾。

①标题要醒目、简洁、典雅。要用较大的字体在求职信上方居中写上"求职信"。还可以使用主副标题，例如，以"团结、勤奋、求实、进取"为主标题，以"我的自荐信"为副标题。

②称呼。写明收信人的姓名、称谓或职务，如果求职方向很明确而且知道接收简历的具体人员，就可以称呼得具体一点。需要注意的是，在称呼后面要加一个冒号，这个细节不要忽略。

③正文要简洁，直奔主题，控制在 400 字以内，主要内容可以有：

a. 说明自己的基本情况和求职信息来源。

b. 说明应聘岗位和能胜任该岗位工作的能力。

c. 介绍自己的潜力。

d. 表示希望获得面试机会。

④结尾部分，要表达出以下两层意思。

a. 表达求职的诚意和期盼的心情，力求获得一次面试的机会。

b. 必不可少的礼貌。求职者可以写上简短的祝词表示敬意，最后加上"此致""敬礼"，并在右下角写上自己的姓名和日期。

（3）推荐几封堪称典范的求职信。

①第一封求职信。

我叫姚敏，是苏州××学院 2022 届国际经济与贸易专业本科应届毕业生。由于在网络上看见贵单位的招聘信息，所以借此择业之际，怀着一颗赤诚的心和对事业的追求，真诚地向贵单位推荐自己。

在校期间，我始终积极向上、奋发进取，被学校评为"优秀班干部""优秀团员"，并且报考了江西某大专的自考课程。过去并不代表未来，勤奋才是真实的内涵。

对于实际工作，我相信我能够很快适应工作环境，并且在实际工作中不断学习，不断完善自己，做好本职工作。假如有幸能够进入贵单位实习，我坚信在我的不懈努力下，一定会为贵单位的发展做出应有的贡献。我热忱期待贵单位的回应。

我虽然没有高学历，但是喜欢学习新的事物，也喜欢接触不同的事物，对工作更是积极向上、认真仔细、努力踏实，不怕苦不怕累，和朋友关系融洽，有团队精神，服从领导的指示。本人的经历有：在广州假发厂学习了一年；在贵人鸟专卖店做过一年营销；在居家宝家具公司学习做业务，只做过一段时间。

本人曾是学院体育部部长，曾带领体育部全体成员组织过学院的多项体育活动，任职期间，体育部获得学院学生会年度最佳部门称号。

　　此致

敬礼

姚敏

2022 年 11 月 8 日

我分析，尽管姚敏在这封求职信里写了很多方面的内容来介绍自己，但是大家能看出她的能力、特长和目前应聘的岗位等信息吗？

②第二封求职信。

求职信

尊敬的公司领导：

　　您好！

我是一名来自农村的务工男青年，今年 33 岁。今天我鼓足勇气，向贵公司递上我的求职信，希望你们能录用我。我为人朴实，团结他人，劳动态度端正，吃苦耐劳，是个干活的"好把式"。我会开"三马子"、卷扬机，泥瓦活也干得不错。如果你们录用我，我将充分发挥农村人的吃苦精神，认认真真干好公司安排给我的工作，保证完成任务。

　　我等候你们录用我的好消息。

　　　　此致！

敬礼

徐大武

2022 年 10 月 18 日

我分析，尽管徐大武文化程度不高，他在这封求职信中没有长篇大论，但是他的能力、特长一目了然，HR 能快速匹配出他的岗位。

③一位应届大学生表述精准、得体的求职信。

求职信

尊敬的公司领导：

您好！

　　十分感谢您能抽出宝贵的时间予以审定，我真诚地渴望能加入贵公司，为贵公司的长远发展贡献自己的青春和智慧！

　　我是湖南××职业学院广告设计与策划专业的毕业生。在校期间，我努力学习，不断完善并超越自己，养成了独立分析和解决问题的能力，同时也具备了一定的团队合作精神。严峻的就业形势使我对知识十分珍视，我努力夯实自己的专业基础知识。我利用课余时间广泛涉猎大量书籍，参加各种全国性的设计比赛和方案策划，不但充实了自己，也锻炼了自己多方面的技能。

　　在校期间，我担任过副班长，成功组织过各种班级活动。假期里，我积极参加各种社会实践，抓住每一个机会，锻炼自己。我热爱贵公司所聚焦的业务领域，殷切地期望能投身其中贡献力量；我会在实践中不断地学习、进步。虽然在众多的求职者中，我不一定是最优秀的，但是我仍然很自信，请关注我的未来！

基于对贵单位的了解，对贵单位的实力和发展前景，本人深感敬佩和信服！特呈上简历一份，应聘贵单位"市场策划专员"岗位。希望您能给我这次机会。诚盼佳音，深表谢意！

此致

敬礼！

自荐人：张兰

2023 年 11 月 9 日

七、编写求职简历的典型案例及专家指导意见

1. 专业与岗位不相关的困惑

案例 1

张××，浙江××大学之江学院，计算机专业。

［问题1］

我想投一个与计算机专业无关的岗位，如何修改简历，才能顺利通过简历海选这一关呢？

［专家指导］

具体想做哪方面的工作，你考虑清楚了吗？

［问题2］

想清楚了，我想做售后服务方面的工作，我的简历会不会一下子就被筛掉了呢？

[专家指导]

你的专业与此无关，建议你写一段话，阐述自己的优势在哪里，如表达能力强、有服务意识等。你的简历中有担任外联部部长的校内经验，这部分可以重点写一下。

另外，适当删除与这个岗位不相关的文字，有些内容也可以合并。

案例 2

丁××，××药科大学，环境科学专业。

[问题]

如何在面试时表现自己？我对销售没有兴趣，想找策划类、互联网类的工作。

[专家指导]

建议你这种情况（行业跨度比较大）不要一份简历走天下，要先了解你想要找的这份工作的特质，再据此编写简历，并加入自我评价部分。

2. 简历内容的困惑

案例 3

很多应届毕业生会问到如何写好一份求职简历。

[主要问题]

写求职简历有哪些注意事项，应该写什么内容？

[专家指导]

（1）HR 在筛选应届毕业生求职简历的时候，最看重的应该是社会实践（社团工作及社会实践）。

（2）写简历时，要把最精华的内容写进去。

（3）除了简单的自我介绍，求职意向应当排在相对靠前的位置，因为 HR 可以先了解你的求职意向，然后有针对性地看简历。

（4）简历的内容最好依次为个人资料、求职意向、社会实践、专业技能、取得成就、兴趣爱好和自我评价。

（5）当应聘不同岗位时，最好准备与该岗位相对应的个人简历，要更有针对性，突出亮点。

（6）最好能够在简历上重点介绍以往成功案例或者已经取得的成绩。

（7）简历中的自我评价应包含三项内容：性格特性、专业技能、自我规划。

案例 4

周××，科技师范学院学生。

［主要问题］

之前一直在做老师，现在想转行，且不想选择培训机构。简历要怎么写比较好？

［专家指导］

（1）你可以考虑行政工作（不要考虑进太大的企业），从基层行政人员做起，工作很杂，要有耐心。你的简历要体现出行政人员方面的工作经验。

（2）简历要简单，明了。你目前的求职岗位与你所学的专业已经有所偏离了。一般来说，HR 喜欢有内容的简历，不需要套话，你要在简历中把具体的个人实践经验体现出来，尽量量化，最好有数据。

案例 5

张××，浙江大学，硕士研究生，动力工程专业。

[主要问题]

我想找一个收入、发展平台都比较好的公司，想了解一下在简历编写等方面有什么可改进的地方。我在招聘会投了一份简历，岗位与我的专业相关，属于劳动派遣类，但和个人预期有一点落差。

[专家指导]

（1）你的简历写得还可以，在常规简历中属于比较好的，一些重点项目也很突出，建议你在研究方向等方面写得更具体一些。如果你的研究方向和某公司的研究方向相匹配，对你来说很好，能学以致用，并发挥所长。

（2）你在简历中简单列举了社会实践。这里要注意，主要不是介绍你在哪里实践，而是要介绍你做了什么，让 HR 可以了解你做了哪些事情，能做哪些事情。

案例 6

陈××，浙江工商大学，国际贸易专业（辅修英文专业）。

[主要问题]

我想找外贸类的工作，如跨境电商，但是觉得晋升途径不怎么样，前景我也不看好。

[专家指导]

（1）每家公司的晋升途径是不同的，如果路径选对了，就一直走下去。

（2）要在简历上对相关内容进行量化，突出个人能力。

案例 7

张××，浙江财经大学，会计学专业。

[主要问题]

会计学专业的学生要求职财会方面的工作，如何做简历？

[专家指导]

（1）重点介绍你在大学期间有关财会工作的实习经历。

（2）展示你的专业水平。例如，你毕业论文的研究方向，在校期间发表的专业文章，以及参加专业竞赛的获奖证明。

（3）阐述你对财会岗位的认知和理解，或者写明实习单位财务部对你的肯定评价。

（4）还可以补充一些你在其他方面的能力证明，特别是在认真、负责等工作态度方面。

案例 8

周××，浙江大学，会计学专业。

[主要问题]

我的简历有哪些不足的地方？

[专家指导]

（1）你将简历排版成横排，不太美观，建议改成竖排，用厚一点的纸彩色打印。

（2）将"自我评价"写得简练一些，先描述性格，再写其他突出点。此外，将你的一些特长写上，毕业时间等信息也需要完善。

案例 9

陈××，浙江工商大学，国际贸易专业。

[主要问题]

（1）如何将简历写得主次分明？

（2）专业和兴趣，如何选择？

[专家指导]

（1）你在简历中提到的这几项兴趣爱好对你找工作不会加分，建议删除。你的实习经历很有亮点，可以扩展写一下。

（2）根据你的性格和兴趣，我分析你可以从事倾向于具体业务方面的工作，国际贸易对口适合你的工作比较少，因为无论是跟国内客户打交道，还是跟国外客户打交道，个性太拘束都不适合。

案例 10

王××，江西××技术学院，大专，会计专业。

[主要问题]

我毕业的学校很普通，我的学历也不高，我的简历写得可以吗？能进会计师事务所吗？

[专家指导]

（1）虽然学校很普通，但你可以更加努力，主动学习，主动投简历，机会都是自己争取来的。

（2）能不能进会计师事务所，要自己去面试了才知道。如果不去面试，不会有工作来找你。

（3）与岗位匹配的能力、相关实践工作经验，也要写进简历。

3. 求职者如何有效投递简历

案例⑪

刘××，浙江工业大学，应用化学专业。

[主要问题]

我想找大型外资企业仪器分析方面的工作，适合吗？我的简历有没有问题？

[专家指导]

（1）现在这方面的工作比较难找，外资企业对外语水平要求比较高，至于专业技术方面，你自己最清楚是否合适。

（2）建议在简历里把你的大学实践经历写清楚。

八、做好求职面试前的准备工作

当你对心仪的岗位投出简历后，是不是有些期待接到通知你面试的电话？然而，当你终于迎来面试机会，却不免有些紧张。你要怎么做才能获得面试官的好感，从而赢得这次工作的机会？为此，需要做好面试前的准备工作，主要包括以下方面。

1. 接到面试通知时的接听电话技巧

一般情况下，招聘单位会采取电话沟通的方式发出面试邀约通知。这就要求求职者懂得如何接听电话，在接听电话时不要让对方反感，更为关键的是，求职者必须能从面试通知中获得准确的面试信息。

（1）铃声响起第 3 次时接听为最好。

如果电话铃声一响就接听，难免给拨打者的感觉是接听者比较清闲；如果电话长时间响铃却没人接听，则会导致拨打者的心情不耐烦，甚至揣测接听者不愿意接听电话。一般来说，电话铃声响起第 3 次时，最适合接听电话。求职者如果因处理其他事情而没有接听电话，应第一时间回拨，并解释没有接听电话的原因。

（2）拿起听筒，报出名字及问候。

接听电话的第一时间，必须说"您好，我是××"。电话邀请面试是属于陌生人之间的电话交流，此刻最需要的不是信息交流，而是表现出对对方的尊重。尊重是双方的，即你尊重对方，对方才可能会尊重你；反之，如果你没有尊重对方，对方凭什么尊重你？接听电话时，不可以说"哪里""什么事""你是谁"等，这些语言在心理学中属于典型的不尊重的范畴。另外，在接听电话时，不要做出清嗓子的举动，因身体原因需要清嗓子的，应向对方道歉并说明身体原因。

（3）确认邀请面试的单位。

当对方自报家门时，求职者应当在脑海里迅速搜索自己投递过简历的单位。如果没有听清楚单位名称，可以说"对不起，我周边环境有点杂音，前面没有听清楚，您可以重复一次吗"，千万不可说"哦，你们单位我好像没有什么印象"或"哎呀，我投递简历的单位比较多，一下子想不起来了，你可以再说一遍吗？"为什么不能这么说？因为当对方得知你投递了很多简历，而且全然不记得的时候，他一定会感觉这份工作是你的"备胎"。在这种情况下，大概你还没有去面试就落选了。

（4）确认来电事项。

当确认来电为邀约面试电话时，第一句话应说"非常高兴收到贵单位的电话邀请面试，这次电话我等了很久，非常感谢您给我这个面试机会"。不可以说"嗯，好的，我知道了"或"好的，我会来的"，因为这往往意味着"明天的事情明天再说"，来或者不来是不确定的，而且不来的可能性非常大。对面试时间、单位地点、联系人电话等重要信息，求职者应及时记录，也可以用手机录音。

下面，模拟了一个场景：

［情景］

浙江天成集团的 HR 周晓明给浙江工业大学的马成成打电话，邀请马成成于 2022 年 4 月 2 日到公司参加第一轮面试。

周晓明："马成成同学，我是浙江天成集团的 HR，现在通知你，请你于 2022 年 4 月 2 日下午 2：00 到我公司面试。"

［分析］

接到此电话，马成成需要记住的面试邀请信息有：

A. 准确的单位名称和地址信息。这里需要注意企业单位注册地址和经营地址不一致、企业总部经营地址和分（子）公司经营地址不同的问题。

B. 准确的时间信息。测算路程和时间，千万不要迟到。

C. 联系人信息。万一记忆混淆或不确定，可以电话咨询。

（5）礼貌地结束通话。

结束通话时，求职者应礼貌地询问："还有什么需要交代或吩咐我的吗？"求职者一定要等待对方挂电话，千万不要在对方没有挂电话前就自己先挂断。

2. 面试前，必须对面试单位进行了解

HR 经常问前来面试的求职者以下两个问题：

（1）"你对我们单位了解过吗？"

很多的求职者回答"没有了解过"。这样的回答给我的感觉有两点：其一，该求职者基本上是来"打酱油的"，对能否面试成功无所谓；其二，该求职者的上进心不强，不知道自己想要什么。

（2）"你对我单位的了解，是通过什么渠道？"

如果回答"从百度上了解的"，说明该求职者对我单位的了解途径相对比较单一，进取心还行；如果回答"从同学们中了解到的"，说明该求职者是有心人但我会进一步了解，进而评估该求职者的可信度；如果回答"从亲戚中了解到的"，我会了解该求职者的亲戚在我单位处于什么角色，

进而评估该求职者的状况。所以，在面试时，求职者不要随意回答，原则上实事求是为好。

我们了解应聘的单位，不仅能提高面试胜出率，还能对自己未来负责。那么，求职者在面试前需要了解应聘单位的哪些情况呢？

A. 企业设立背景。企业设立背景主要是指企业性质，如国企、外企、民企等。具体一些，求职者还要了解企业的股东结构和实际控制人。不同性质的企业，其处事方式和企业价值取向差别是很大的。例如，国企更加注重程序和风险控制，比较墨守成规；外企更加按照制度办事，比较注重上下级的层级；民企注重效率和结果，灵活多变。求职者要了解自己适合什么样的管理风格，从而选择合适的企业。企业价值取向往往代表了企业实际控制人的价值观，而且企业实力、未来发展、管理理念，通常都取决于其背后的股东和实际控制人。

B. 行业情况。一般来说，行业的发展前景很大程度上预示了企业未来的发展状况，求职者必须了解求职单位的行业现状及其未来发展前景。

C. 企业产品和企业客户群。对于企业产品来说，用户体验至上，商业要回归本质。因此，企业依靠内部资源能力和外部合作生态形成一个持续的价值创造、价值传递和收益获取的系统逻辑。所以，企业产品对象是谁，消费群体客户是谁，都是非常值得关注的。

（3）面试前要准备可能面对的问题。

面试前，求职者一般要有针对性地预想几个可能面对的问题，并考虑好从容应对的答案。记住，切不可打"无准备之仗"。

一般来说，面试会涉及以下几类问题。

A. 专业知识。在我的校招经验中，高校毕业生的专业基础知识偏弱。例如，在招聘会计岗位时，第一个专业问题是"现金流量表是根据权责发生制编制，还是根据收付实现制编制？"，来应聘该岗位的高校应届毕业生经过这一轮，只有约60%学生进入第二轮问答。第二个专业问题是"你在进行仓库盘点时，发现原材料 A 盘盈 5000 元，请你编制会计分录"，这一轮考验，一般仅 10%的学生能够通过。

B. 性格测试。性格测试要以"本我"为原则，就是自己是怎么样就怎么回答，千万不要为迎合某种需要而有意"非本我"，因为性格测试不是一道题就结束的，后面还有很多道题来印证，如果前后性格矛盾，要么是你有点神经病，要么是你有意掩饰自己，这些都是 HR 非常厌恶的。即使你侥幸过关，谋得了心仪的岗位，如果这个岗位和你的性格不匹配，那么你将会越来越不喜欢这份工作，最终会选择辞职甚至得忧郁症。例如，我在招聘销售人员时经常会问："请问你知道把梳子卖给和尚的故事吗？你怎么看待这个故事？"如果回答"我不会做此类无用功，不会做这种不可能成功的事情"，那基本上此人将不被列入销售岗位的备选人才，因为他的性格不适合做销售或不符合销售岗位的胜任力模型。

C. 稳定性。现在，很多年轻人的工作稳定性不高，这也是让 HR 很头疼的事情。所以，求职者在面试的时候，体现出的稳定性很重要。例如，我在面试财务人员时，经常会问："未来 3 ~ 5 年，你的职业规划是什么？"很多求职者回答："争取在 3 ~ 5 年通过注册会计师（CPA）考试，然后去事务所。"这样的求职者，哪家单位会要？

D. 能力经验。应届毕业生大多没有社会工作经验，所以在求职简历上一定要体现自己关于求职岗位的暑假实践工作经验，来展现自己在这个岗位上的能力经验。2021 年，我去厦门的某大学招聘，当时有个男生应聘销售岗位，问及他的实践工作经验，他回答："在 2020 年暑假，卖了 800 个文胸。"这引起了我的浓厚兴趣，并对他进一步了解，最后录用了他。事实上，这个男生工作后的销售业绩确实非常优秀。

（4）面试结束后如何问面试官问题。

在面试结束后，面试官经常会问求职者："你有什么问题需要我们回答的吗？"有的求职者会很腼腆地说"没有"，有的求职者会问"这份工作可以拿多少工资"，有的求职者会咨询"我做到什么程度就可以升职"，这样的回答都不好。很多同学也有这样的疑问，说"没有"欠妥，问"薪酬和平台"也不合适，那怎么回答会比较好？

当然，职场上最终追求的就是薪酬和平台，但是直接说出来会显得性格浮躁，HR 也会考虑如果薪酬和平台满足不了你，你是否跳槽呢？你的稳定性如何？

其实，求职者可以换一种思维，职场中的薪酬和平台由什么来决定？是由能力和态度决定的！那么，我们只要追求能力和态度的提升就没有错，而且 HR 会认为你是很优秀的求职者。

所以，求职者可以围绕以下三个问题问面试官。

A. 岗位胜任力。你可以咨询面试官该岗位的胜任力模型，并借此机会虚心请教面试官（即使你很懂，也要装不懂来请教），一是明晰自己与 HR 对该岗位胜任力理解的差距；二是借此机会与面试官套近乎，从而拉近彼此之间的距离。面试者与面试官之间的关系，不是你可以教人家多少，而是你请教了人家多少。

B. 职业发展通道。职业发展通道有三种，即直线发展（A 到 A1 到 A2 等模式）、横向扩沿（A 到 B 等模式）、交叉发展（A 到 B1 再到 A2 等模式），目的就是了解自己未来的职业发展空间。同时，这也传递给 HR 自己愿意在该单位稳定发展的信号。

C. 培训机制。培训员工是每个企业要做的事情，一般来说，人岗匹配度仅在 35%～65%，剩余 35%～65% 的人需要在岗培训。培训就是 HR 工作模块之一，企业文化、规则制度、上岗技能、专业技能等方面都需要培训。从另外一个方面，了解企业的培训机制也反映了该求职者很有上进心。

（5）对于面试应有的准备和心理状态。

面试无论是否成功，求职者都要保持良好的心态。如果面试成功，说明自己很优秀，也说明自己的机遇比较好，人家单位刚好需要这样的人才，当以平常心对待之。如果面试不成功，也可以当成求职路上的一次历练。

A. 就业选择是双向的。当你选择对方的同时，对方也在选择你。在面试的时候，求职者的心态一定要平和，把最优秀的一面呈现给面试官。越是优秀的企业，求职者越多，如何在众多求职者中胜出？对于应届毕业生而言，社会工作经验几乎没有，在大学期间学习的专业、技能已成定局，唯一可以出彩的就是临场发挥，特别是在面试时，现场发挥很关键。

B. 面带微笑，充满自信。俗话说，拳不打笑面人。你的微笑会给面试官留下青春洋溢的形象，留给面试官的第一印象非常关键。当面试官对你的第一印象很好，那么后面问的所有问题往往都是要证明他的判断是对的。你微笑，你就自信，你自信就会不紧张，你不紧张才可能会回答自如。

C. 准备好有说服力的数据。回答问题最有力的答案就是求职者以往的业绩数据。对于应届毕业生而言，就是在社会实践中的相关数据，或者所得奖项。这些材料会比自我评价更有说服力，因为这些是第三方给求职者的证明。一般而言，自我评价是比较苍白的，只是表明了你的态度。

D. 尊重面试官，勿伤其自尊。面试官问求职者的任何问题，都有测试的目的，不要以为很幼稚。例如，面试官问："小郑同学，你来我集团面试的时候，我们大楼一楼有个治理痘痘的机构，他们在发放面巾纸做广告宣传，是他们给你而你推辞不要呢，还是没给你而你主动去要了一包？或是给了你，而你收下后扔了？"大家千万不要觉得这个问题很无聊，这是在测试你的性格和心理。再如，面试官问："小郑同学，你在大学里喜欢什么运动？打篮球吗？你打什么位置？哦，不喜欢打篮球啊，喜欢打羽毛球？哦，也不喜欢打羽毛球啊，很喜欢跑步啊。"大家知道面试官这么问的意图吗？不是面试官无聊，其实是在测试你的性格。

最后，哪怕面试失败，求职者也应该站起来向面试官鞠躬并说："谢谢您指导我的求职面试！"失败了，为什么还要道谢？一是真心感谢面试官在你身上花费了时间；二是给自己一个"空杯"心态，让自己可以总结这次面试失败的经验，为下次面试做准备。

（6）克服面试前的紧张心理状态。

紧张是正常的心理行为，紧张可以体现出我们对某件事情的重视程度，但是我们要学会克服紧张，否则持续紧张会导致语无伦次、脑海思路断开等情况，不利于我们发挥正常水平。

A. 对紧张应有正确的认知。我们首先来认识紧张，为什么会紧张呢？

紧张的原因有两种：一是十分期待得到别人对自己的肯定；二是十分期待事情能达到预期的效果。但这两种原因的结果又都是未知的，所以就会不自然地产生了紧张情绪。

如何判断自己是否紧张呢？我们从一些身体表象来判断。一般来说，紧张有几种情况出现：a. 发抖；b. 语无伦次；c. 注意力无法集中，内心寻找依靠（安全岛）；d. 抓头摸耳等小动作增多；e. 面红耳赤；f. 小便次数增多；等等。

B. 学会分析自己在面试中的心理状态。在求职面试中，以下几种表象，分别代表着求职者不同的心理状态。

a. 表象：面部涨得通红、鼻尖出汗，目光不敢与面试官对视。

心理状态：自信心不足，心情紧张。

b. 表象：目光久久盯着地面或盯着自己的双脚，默不作声。

心理状态：内心矛盾或正在思考。

c. 表象：目光黯淡，双眉紧皱，带有明显焦急或压抑的神色。

心理状态：窘迫（在某种情况下感到脸红）或感到尴尬。

d. 表象：手脚不停运动，双手还可能不断颤抖。

心理状态：急躁。

e. 表象：始终将自己的双手处于与身体紧密接触的部位，头部下垂。

心理状态：缺乏自信和创新精神。

f. 表象：膝盖或脚尖有节奏地抖动，手指不停地摆弄衣服。

心理状态：紧张或焦躁不安。

g. 表象：懒散地坐在椅子上。

心理状态：厌倦、放松。

h. 表象：驼背坐着。

心理状态：缺乏安全感、消极。

i. 表象：身体前倾。

心理状态：感兴趣、注意。

j. 表象：坐得笔直。

心理状态：自信、果断。

C. 学会分析面试官的心理状态。我们在求职面试的时候，也可以根据面试官的心理状态，及时调整自己的思路或发言内容，以下几种状态分别呈现出面试官不同的心理状态。

a. 表象：嘴角轻微上扬又恢复。

心理状态：求职者说错了。

b. 表象：双手交叉置于胸前。

心理状态：不认可求职者说的话。

c. 表象：背靠椅背呈放松状。

心理状态：希望求职者早点结束发言。

d. 表象：与其他人低语交流。

心理状态：不是很在乎求职者的发言。

e. 表象：双手交叉呈塔状。

心理状态：求职者的专业水平有欠缺。

f. 表象：欲言又止或提出的问题仅限于简历上的材料。

心理状态：基本上没有让你入围的打算。

（7）克服面试前的紧张心理状态。

紧张是人的正常生理和心理反应，但是必须克服。我每次做就业指导讲座的时候也会紧张，但是我的紧张在 5～10 秒就会过去。可是，同学们要多长时间才会让紧张过去呢？一定要让紧张快点过去，否则，面试结束以后难免后悔，"哎呀，这个忘记说了""那个可以这么讲"。只有克服紧张，才能达到最佳的面试效果。

根据我自己的一些心得和对心理学的研究，总结出以下几种方法，同学们在面试前可以运用，有助于减轻或克服自己的紧张状态。

A. 面试前一天晚上保证睡眠。如果睡眠不足，面试的时候就会精气神不足，哈欠连天，面色枯黄，萎靡不振，越发显得自信心不足。在这种情况下，压力势必会增大许多，心中忐忑也会增加许多，那么紧张无疑也会随之而来。

B. 按时吃早餐，早餐吃七分饱即可。有些人喜欢睡懒觉，一看时间到了，为了赶时间往往不吃早餐，这样很容易造成低血糖。人的身体一旦血糖低了，思维就慢许多，身体易发抖。如果面试人数比较多，等待面试的时间不是求职者能控制的，这时就不能确定午饭会在什么时候吃，很容易导致低血糖的恶性循环。另外，吃太饱也不行，因为这会影响思维，而且容易犯困，最好只吃七分饱。

C. 暴露冲击法，做好充分的准备。"在家千日好，出门一时难"。什么意思呢？就是在家里怎么做都可以，不会碍别人什么事，但是出门在外得注意自己的行为举止，不能由着自己的性子来。现在高校都有模拟求职面试课堂，就是让同学们在模拟的环节里充分暴露自己的缺点，经导师点评和纠正后，在真实的求职环节中少犯错误。有一次，我在浙江旅游职业学院给学生讲就业指导课，我设计了一个模拟环节，让 3 个学生模拟面试官，3 个学生模拟求职者。其中有一个"面试官"提了一个问题："如果你的上司批评了你，而你又觉得没有做错，你会怎么做？"这个问题好极了，可是那天大部分学生都答错了，因为同学们没有真正进入职场，不懂职场游戏规则。那天比较典型的答案是"寻找第三方人士介入，帮助领导正确认识自己"。同学们太天真了，你们如果这样做，在职场上必"死"无疑！职场上，作为下属要记住两句话：第一句是"领导没有错"，既然领导没有错，错的肯定是自己；第二句是"团队内部的矛盾，领导不喜欢外部力量介入"，既然你不信任领导，那么你只有离开你的岗位了。此外，很多求职者的表达能力比较弱，如果平时不注重锻炼和训练，真到职场上肯定是要怯场的。

D. 让身体放松，做深呼吸。这是心理疗法，当自己感到很紧张的时候，深深吸入一口气，憋几秒钟后吐气，让身体进入放松状态，紧张的情绪自然而然会得到缓解。

E. 积极进行自我暗示，保持自信。

在求职面试的时候，要自信，"我行，一定行"。自信是解决困难的灵丹妙药，有时更是一种决定性的力量。

第六篇

一般面试的分类和基本过程

6

面试环节和面试考题是用人单位精心设计的，面试官以相应的面试手段和技巧，挖掘求职者和目标岗位的关联信息，并根据这些信息预测其在目标岗位上的未来表现。

一、按面试官人数分类

1. 一对一面试，业内称"单打独斗"

这种面试模式就是一个面试官面对一个求职者。这种面试模式一般处于招聘流程的两个阶段，即"招聘专员面试阶段"和"董事长/总经理面试阶段"。

在一对一面试时，求职者不要简单地用 Yes/No 或非 A 即 B 的模式来回答问题。如果面试官提一个封闭式终结类型的问题，求职者在回答完 Yes/No 之后，一定要给出具体的论据。

例如，"你觉得人生中最大的激励是从金钱还是从工作升职中获得？"如果求职者采用的是非 A 即 B 的回答模式，必然会落选！因此，求职者对一些选择性的问题要事先思考清楚。对这类问题，求职者要分析金钱和平台是人生所需要的，但金钱和平台是要靠自己的能力创造的，非 A 即 B 的回答是"末"，能力提升才是"本"。所以，最佳回答是："我觉得人生中最大的激励是能力得到提升，并且得到组织的认可！"

2. 两人或两人以上对一个，业内称"舌战群雄"

这种面试模式就是数名面试官面对一个求职者，一般处于面试的第一轮或第二轮，即面试单位的一个面试小组对求职者进行面试。面试小组通常由 HR、用人部门的相关负责人等人员组成。面试内容的范围一般比较广，含专业性问题测试、性格测试、胜任力模型匹配度测试等。

在这类面试中，求职者要注意，当某位面试官向你提问时，你应直视面试官，认真倾听并回答。通常，面试官会先用较为轻松的方式问一些标准化的问题，之后可能会刻意尝试一些其他方式来测试求职者在压力下处理问题的能力。

例如，"你的专业成绩不高，你觉得你如何能够胜任我们的工作呢?"求职者应该对这一类问题有所准备，且回答时一定要客观冷静，不能带个人情绪。

3. 一人对一组，业内称"群英会"

这种面试模式就是一名面试官面对一组求职者，在高校招聘中比较常见。在这类面试中，求职者需要注意如何在群体中表现得当，既要积极活跃，又不能抢风头，更不能对别人构成威胁或让别人有压力，这是一个人综合素质的体现。

二、按面试形式分类

1. 标准专业类

一般大型企业或社会标杆企业，都有一套自己的面试程序和评分标准，这样可以避免以面试官个人性格或喜好来定性求职者的合适与否。

（1）考查领导能力的标准问题。

A. 请你举一个例子，说明你是如何设定一个远大的目标然后实现它的。

B. 请你描述一种情形，说明你在一项团队活动中如何采取主动，并且起到领导者的作用，最终获得你所希望的结果。

（2）考查创新能力的标准问题。

A. 请你描述一种情形，在这种情形中你必须去寻找相关的信息，发现关键的问题，并且自己决定依照一些步骤来获得期望的结果。

B. 请你举一个例子，说明你是怎样通过实际案例说服别人的。

（3）考查解决问题能力的标准问题。

A. 请你举一个例子，说明在完成一项重要任务时，是怎样和他人进行有效合作的。

B. 请你举一个例子，说明你曾经提出的一个创新性建议是如何对项目的成功起到关键作用的。

（4）考查团队精神的标准问题。

A. 请你举一个例子，说明你是怎样对所处的环境进行评估并找到重点，以便获得你所期望的结果的。

B. 请你举一个例子，说明你是怎样学习一项技能并且将它用于实际工作中的。

2. 随意性比较强

很多面试官在面试过程中常会想到什么就问什么，随机性比较强。还有些面试官会将一些平时工作中解不开的问题作为面试题来问求职者。这样的面试官比较难应付，求职者在面试前无从准备，只能靠平时积累的功底，外加临场发挥。

3. 情景模拟类

在这类面试中，面试官会设置一些情景问题，即给定一个情景，看求职者在特定的情景中是如何反应的。一般来说，面试官会问一些与求职者过去的工作经验有关的问题。

情景模拟面试的理论依据是基于心理学家勒温的著名公式：$B = f(P, E)$，这是一个人的行为（Behavior）受其人格或个性（Personality）与其当时所处情景或环境（Environment）影响的函数。亦即，求职者在面试时的表现是由其自身的素质和当时面对的情景共同决定的。情景模拟类面试包含对公文处理的模拟，公文包括文件、备忘录、电话记录、上级指示、调查报告、请示等。面试官要求面试者在规定时间内处理公文，处理完毕后填写这样处理的原因。这主要考查求职者的组织、计划、分析、判断、决策、分派任务等能力。考查求职者对工作是否有轻重缓急之分，能否有条不紊地处理并适当请示上级或授权下属。

案例 1

求职者扮演人力资源部经理，解决非直接上级王总的求助。

[情景]

分管公司技术部门的王总找到你，就他当前工作中遇到的困惑寻求你的帮助。

他的一名秘书是公司在 3 年前招聘的大学生，近期再次向他提到待遇问题，希望公司给她加工资。王总了解情况后发现，这名员工不但向他提了此事，还在其他部门员工中发牢骚：说自己和同学们聚会，发现别人的工资都比她高，想想自己在公司已经工作 3 年了，工作也很努力，之前向上级提过几次加薪，但始终没有得到解决，现在觉得在这家公司没什么发展前途，这次如果再不加工资就坚决辞职。

王总认为这名员工是自己一手培养的，目前工作能够胜任，其间也曾经按公司的规定为她调整过工资，但幅度不大，可能离她自己的期望值有一定差距；后来之所以没有给她加工资，是希望她能够表现得更加优秀一些，为此也曾多次和该员工本人沟通，但作用不大。这次她到其他部门发牢骚，影响非常不好，如果给她加了工资，会给其他部门造成不好的影响；如果不加，又要重新招聘、培养新人，部门工作会受到影响。希望你能够从专业的角度给出建议。

[分析]

这个案例主要考查求职者的以下能力。

A. 求职者的人际关系处理能力和人际关系敏感度。求职者在分析理由时应当能够考虑到王总、秘书、人力资源部经理三个不同的角色。

B. 求职者的问题分析能力、决策判断能力、在两难选择中的价值取舍及决策能力。求职者能否透过现象看本质，如何给非直接上级提建议，以及如何评价员工岗位胜任能力等。

[解答]

A. 查阅这几年的绩效考核结果等信息，了解技术开发部人员的基本情况。

B. 与人力资源部的赵经理（直接领导）面谈，听取其建议，并与之探讨秘书辞职后对工作的影响程度。

C. 听取技术部门的王总对当前人员素质结构的看法。

D. 做好替换成本与人力投资资本的预算。

E. 向赵经理了解高素质人员的招聘渠道。

F. 与猎头公司联系，探讨替换现有人员的可行性。

[交流沟通能力的模拟]

模拟一：电话谈话（包括接电话和打电话）。主要考查求职者的心理素质、个人修养、表达能力、处理问题的能力。

模拟二：接待来访者（包括客户、供应商、推销商、朋友、上下级等）。主要考查求职者待人的态度、驾驭谈话的能力、处理公事与私事的能力。

案例 2

求职者扮演某公司市场营销人员甲，电话访谈某目标公司总裁乙先生。

[情景]

A. 给乙先生第一次打营销电话，甲应该怎么说？（时间限定 30 秒）

B. 如果乙先生未等甲说完，就说"我很忙，我不需要"，即挂了电话，请你分析乙先生的心理活动。

C. 如果你是甲，你会给乙先生打第二次电话吗？如果你要再次向乙先生打电话，在打电话之前你应该做哪些工作或事项？你应该说些什么？

［分析］

这个案例主要考查求职者的以下能力。

A. 求职者的沟通能力。求职者能否在极短时间内，快速与陌生客户之间建立信任关系。

B. 求职者的人际关系敏感度。求职者能否分析客户挂电话时的心理状态。

C. 求职者的跟踪分析能力、问题解决能力。求职者如何在后续与客户建立良好的关系，是否有"绝招"。

我们来分析一下求职者的回答，并对比最佳回答。

在回答第一个问题时，很多求职者提出"向乙先生介绍自己是卖什么产品的"，这样的回答基本上得到的分数很低。试想，乙先生首次接到陌生人的营销电话，会有耐心听产品介绍吗？再者，仅 30 秒，你能向客户讲多少内容？

作为市场营销人员，应该懂得客户的心理。在和陌生客户第一次通电话时，博得陌生客户的信任比自己营销产品更重要。第一次通电话非常关键，必须要做足功课，了解乙先生的圈子和人脉、他的性格和喜好、比较规律的作息时间等。例如，乙先生有午睡的习惯，那么打电话就应该避开他的午睡时间。

［最佳回答 1］

尊敬的面试官，在 30 秒内，我会在电话里说："尊敬的乙总裁，您好，我是您的朋友丙介绍的，向您推广一项比较适合您这个行业或群体的产品，不知道您现在是否方便接听电话？"

这样的回答礼貌且不卑屈，亮点是电话中提到了丙。如果乙拒绝了甲，就等于拒绝了丙。

在回答第二个问题时，求职者分析出来的可能的拒绝原因比较少，说明其人际关系敏感度偏弱。

作为市场营销人员，要有比较强的人际关系敏感度，才能分析出客户可能的拒绝原因，并且对客户的拒绝语气、挂断电话时间等进行分析，找出关键原因，再有针对性地开展对客户下一阶段的业务跟踪。例如，乙问："丙？哪个丙？不需要。"说明乙对甲的电话拜访是完全拒绝的态度。再如，乙说："不好意思，不需要。"说明还有需要的可能。又如，乙说："不需要！"说明这次电话已经骚扰到乙了。

[最佳回答2]

尊敬的面试官，乙拒绝的原因可能有：此刻比较忙，不方便接听电话；真的不需要；乙认为被骚扰了；产品有问题，乙拒绝此类产品；等等。

在回答第三个问题时，有求职者说"我不会再给乙打电话了"，那说明此人不适合营销类岗位，因为没有抗压力、客户导向、韧性等该岗位胜任力模型所需要的特质。

只有回答"面试官，我肯定会再次进行电话拜访和实地拜访"的求职者才有可能入选。

[最佳回答3]

尊敬的面试官，第二次电话拜访乙总裁是肯定要做的，并且与第一次电话拜访应适当拉开时间差，避免乙总裁反感。而且，在第二次电话拜访之前，我要再深入了解乙总裁的作息时间、兴趣爱好、朋友圈子、行业业态等。例如，乙总裁喜欢旅游，那我就研究旅游，在第二次打电话时，一开始闭口不提产品推广，而是先聊旅游，拉近彼此的距离和信任，看准时机再推广产品。营销不是销售产品，而是营销自己的思维。

4. 无领导小组讨论

无领导小组讨论的模式，主要考查求职者的领导力、主动性、说服能力、自信心、抗压能力、人际交往能力、归纳能力、决策能力及民主意识等。

案例 3

[情景]

一天上午，你们乘坐的一架小型客机，由我国西北部飞向东部的一个城市。就在飞到一个没有人烟的严寒地区时，飞机遇到大风雪，不幸失事。此时正是一月，气温低至零下 15 度。飞机可乘坐 10 人，是双引擎机，机身已撞毁并起火。飞机驾驶员及 1 名乘客死亡，其他人没有受到严重伤害。失事地点正好在雪线下面，地面崎岖不平。乘客们穿着秋装，并且每个人都有一件外套。

[问题]

在飞机爆炸前，乘客从机舱抢救出 15 件物品（见下表）。现在请你们通过讨论将这 15 件物品按照物品对生存的重要性排序。

物品重要性排序表

排序	物品表	排序	物品表
	该地区的航空地图		四副太阳镜
	大型手电筒		三盒火柴
	四条羊毛毯		一个军用水壶
	一支手枪及十发子弹		急救箱
	一个雪橇		十二小包花生米
	两小瓶白酒		一张塑料防水布
	一面化妆镜		一支大蜡烛
	一把小刀		

面试官会把求职者分成若干个小组，每个小组有 6 ~ 12 人。在每个小组成员积极讨论发言期间，面试官只观察和记录，不会干预小组成员的任何讨论。

无领导小组讨论观察记录表

观察行为	候选人	候选人	候选人	候选人	候选人	候选人
发言次数						
善于提出新的见解						
敢于发表不同意见						
坚持自己正确意见						
支持肯定别人意见						
消除紧张气氛						
说服或调解						
创造发言气氛						

无领导小组讨论面试，怎么胜出？相关技巧解析如下：

A. 在无领导小组讨论中，时间管理至关重要。语言要精简，保证你的发言不超时，合理安排时间。

B. 特色划分是关键。作为领导者，要明确自己的角色，并引导团队成员发表意见，学会归纳汇总各方观点和意见，并做到团队内部和谐。

C. 在对抗中，争取第一个发言，让对方措手不及。可以先反驳对方的观点，提出自己的看法，学会抓住对方的漏洞或缺陷。

D. 避免重复相同的发言内容，保持观点的多样性。

E. 学会倾听他人的发言，不要打断别人，尊重他人的观点。

F. 保持自信和积极的态度，展现出你的自信和魅力。

G. 在反驳对方后，再次强调自己的观点，确保对方理解你的立场。

H. 坚持自己的观点，不要轻易放弃，不要被对方的话语所动摇。

I. 给对方提供建议或解决方案，展现你的专业性和合作精神。

J. 举例说明，最好有数据或案例支撑，增强说服力。

5. 角色扮演的模拟

面试官要求求职者扮演一个特定的管理角色来处理相关事务，以观察其多方面的表现，进而进行评估，来判断求职面试者在求职岗位的未来表现中的预期行为。

案例 4

求职者扮演某豆浆连锁店的大堂经理

[情景]

某天早上 7：50，店里来了一位 40 岁左右的男性顾客，他坐下后向店员说："来一根油条！"两分钟后，店员送上油条，该顾客说："换成豆浆！"店员就退回油条，端上豆浆。该顾客食用豆浆 5 分钟后，打算离店，店员拦住他，要求他付钱。

顾客："我为什么要付钱？"

店员："你喝了豆浆。"

顾客："我的豆浆是油条换的。"

店员："那你得付油条的钱。"

顾客："我没吃油条啊，凭什么付油条的钱？"

此时，顾客和店员声音比较大，且其他顾客有围观的可能。

[要求] 作为大堂经理的你，该怎么做？

[分析]

这个案例比较适合面试"行政文员"岗位的求职者，主要考查求职者的以下能力。

A. 求职者的应急事件处理能力。求职者能否快速平息事件，避免造成不良影响。

B. 求职者的人际冲突解决能力。求职者如何解决这类看起来没有标准答案的人际冲突问题。

对于这则案例，很多求职者给出的答案都围绕"这个钱，我付了""让他白吃算了""和他辩论道理""处罚营业员"等，这样的回答得分会比较低，因为求职者没有真正领会面试官出题的意图。

［最佳回答］

尊敬的面试官，如果我是大堂经理，我会先邀请这位顾客到店外或办公室，避免在就餐场所发生争执（这样会引起其他顾客围观，影响正常营业），然后进行交涉，如果最后确定这位顾客无理取闹，可以报警。

［即席发言］

面试官给求职者出一道题，让其稍做准备后按题目要求进行发言。即席发言是了解求职者心理素质和潜在能力的一种方法。

案例 5

求职者扮演某梳子制造公司的营销人员

［情景］

A. 请问你知道把梳子卖给和尚的故事吗？你怎么看待这个故事？

B. 如果公司要求你把公司生产的梳子销售到 A 寺庙，你要不要执行？你会怎么做？

C. 如果 A 寺庙的梳子市场已经被其他企业占领了，而且你多次被方丈拒之门外，但公司要求你必须进入该市场，你该怎么办？

D. 最后 A 寺庙的方丈同意和你合作第一单生意，标的额为 10 万元。按照合同，你公司将亏损0.5 万元，你该怎么办？

［分析］

这个案例比较适合面试求职"市场营销人员"的岗位。如果第一个问题，求职者回答"我不会做，这样是浪费时间"，那基本上就结束面试了。

这个案例没有标准答案，只有思路和思维的创新，但是我们要知道这个题目的考查点有哪些。

第一个问题是考查求职者是否有市场营销人员的潜力素质，即考查求职者的创新精神，对新知识、新能力的求知态度和学习能力。

［最佳回答］

营销机会就是创造出来的。

第二个问题是考查求职者的执行力，即考查求职者的忠诚度、对企业文化的认可程度、实践能力、人际交往能力，以及良好的沟通能力、创新精神等。

［最佳回答］

必须执行。营销人员的执行力是非常重要的。对已经被占领的市场，营销人员要学会分析，如分析产品的差异、市场的细分、顾客的偏好、竞争对手的团队、客户采购团队等，还要为我们自己的产品进入该市场进行分析。我认为"没有做不到的，只有不想做的"。

第三个问题是考查求职者的人际关系处理能力、沟通能力、目标导向能力、韧性等。

［最佳回答］

还是必须执行。被方丈多次拒之门外，是我个人问题，而不是公司的战略和产品问题。营销的理念就是"没有卖不出去的产品，只有卖不出产品的营销人员"。目前这种情况，只能说明我在产品推广的方式上已经引起了客户的反感，应该调整思路。我打算采取"曲线救国"的策略，以方丈身边最亲近、最信任的人作为突破口，借他人之口为自己做宣传。同时，我还要研究方丈的性格和爱好，投其所好，拉近距离，例如，方丈很喜欢茶，那我就研究中国的茶文化，这样就与方丈有共同语言。当方丈对我有好感了，我推广产品就顺理成章了。

第四个问题是考查求职者的团队意识、团队协作能力、战略目标等。

［最佳回答］

虽然将亏损0.5万元，但公司的市场占有战略初步成功，所以我们必须支持。然而，我们应该有发展战略，要明确这一单生意亏损的意义在哪里。

［案例分析类］

面试官陈述一个案例，要求面试者对案例进行分析，以此考查求职者相关方面的能力，以期判断其思维，以及其解决问题的逻辑或方法。

案例 6

求职者扮演某集团公司下属某事业部的销售内勤，职责是销售管理（包括但不限于赊账管理）、发货控制和管理，事业部总经理（顶头上司）的赊账权限是 60 万元。

［情景］

2017 年 3 月 16 日，你所在部门的业务员甲（私下关系甚好，事业部总经理的胞弟），要求赊账给 A 客户（已经合作 6 年，信誉良好）66 万元（刚好一整车商品），此业务员模仿总经理签字同意，你在没有仔细审核的情况下予以发货。事后一周，对方因资金链问题，无法按期支付货款。该业务员要你私下隐瞒，并在赊账控制系统做手脚。

［问题］：分析此案例，你认为该怎么办？

［分析］

在回答这类选择两难的问题时，第一，要把握自己的"定位"，你是要为组织负责还是为同事个人负责？第二，事件发生后，你该采取什么应急措施止损？第三，如何与负责人、当事人沟通，是不是简单了事？等等。

［最佳回答］

尊敬的面试官，我觉得这样做比较合适。第一，询问甲，该货物赊账款能否及时回款；如果不能及时回款，甲有哪些举措。我应该首先关注货款的安全。第二，立即向事业部总经理如实汇报，取得事业部总经理的指示再采取下一步措施。第三，主动向事业部总经理承认工作失误，接受相关处罚，做个有担当的人。

为什么这样回答比较合适？这就是职场中的情商问题。所谓的原则性，就是听从领导的指示（以不违法为前提）为主，越级汇报一定要谨慎。在职场中遇到这类事件时，要先了解事业部总经理的反应和指示，再采取行动，避免给领导造成尴尬和被动。

三、面试的基本过程

1. 面试的三个阶段

一般来说，一次面试的时间为 45 ~ 120 分钟，通常分为三个阶段：招聘专员面试阶段、招聘面试小组面试阶段、董事长/总经理面试（或有决定权的高层面试）阶段。

（1）招聘专员面试阶段，即初步筛选阶段。

在这个阶段，每个求职者被面试的时间很有限，而且面试官（招聘专员、人事经理）的级别相对较低，主要面试求职者的专业技能。这个阶段一般有下列四种面试形式：

A. 电话面试。电话面试一般由人力资源部门进行，目的是确认求职者符合招聘广告或其他招聘材料中的条件。这是一个获取对求职者第一印象的绝佳机会。

B. 笔试。笔试主要用于测试求职者的专业水平，一般由用人部门出具专业书面的测试题，由求职者完成。

C. 面试官面试。一般这类面试的时间为 30 ~ 60 分钟，对于要求不太高的职位，面试官一般采用"无领导小组讨论"比较多。

D. 性格测试。性格测试一般由人力资源部组织实施，通过性格测试软件或回答问题来测试求职者性格与目标岗位的匹配度。

招聘专员面试阶段的面试是对求职者基本能力的最初考核。例如：求职者的学历或专业能力是否符合公司的要求；求职者的外观、性格、第一印象等是否符合公司及企业文化；求职者的沟通能力、表达能力及承压性等是否符合岗位要求；求职者的求职动机是什么，未来的稳定性如何；求职者的个人价值观及发展目标是否和公司相符。

（2）招聘面试小组面试阶段，即第二轮面试选拔。

在这个阶段，通常都是中层领导（一般为部门负责人或主管）来担任面试官，与该职位有利害关系的人也可参与，如相同职位的工作人员等。相对于招聘专员面试阶段，招聘面试小组面试阶段的面试时间会更长些，程序会更复杂些，问题也会比较尖锐，对求职者在专业技能和经验能力方面的要求比较高。面试小组通常会对求职者进行深度面试，面试小组各成员给出的分数有不同的权重，最终分数按照加权平均计算得出。

这个阶段的面试，面试官要考查的问题往往会围绕以下几点展开。

A. 求职者的工作经验或专业背景是否与这个岗位的职责要求相符。

B. 求职者的职业规划是否可以在这个公司里有施展的空间。

C. 求职者的工作经验及综合能力是否可以在这个公司里更好地发挥。

D. 人岗匹配度、性格测试等深度测试。

（3）董事长/总经理面试阶段，一般为最后一轮面试。

董事长/总经理面试阶段（或有决定权的高层面试阶段），是面试流程中非常关键的一个阶段。

这个阶段的面试官一般是董事长、总经理、部门主管、人力资源总监等。这轮面试的最终决定权通常在总经理，其他人员有参谋权。这轮面试一般会围绕以下几点来了解求职者：稳定性，激情与干劲，企业文化与价值观。

（4）背景调查。

对通过了前面三轮（或两轮）面试的求职者，HR 会对其进行背景调查。X 高校应届毕业生可进行的背景调查者有班主任、辅导员、班干部、社团干部、班级同学、社会实践单位相关负责人等。进行背景调查的内容主要有以下几项：

A. 面试过程中难以识别的应聘者的品质、价值观等方面内容，HR 通过背景调查来了解。

B. 对诚信度要求很高的岗位（如财务人员、采购人员、进出口人员等），HR 要对求职者进行背景调查。

C. 面试官在面试过程中对求职者的某些表现或所描述的事件表示怀疑，需要寻求有效证据时，HR 会对求职者做背景调查。

2. 一般的面试程序

（1）可以从问候、寒暄开始。

在正式面试开始前，求职者见到面试官后，可以问候面试官并与之寒暄几句，话题可以是天气、交通、社会热点问题等，在寒暄过程中可以赞美求职单位整洁的环境、漂亮热情的前台、面试官得体的礼仪和服饰。只要把握好度，这绝对是加分项，可以给面试官留下良好的第一印象。

如果你在面试前有 5 ~ 10 分钟空闲，建议你翻阅一本轻松、有趣的杂志，或企业宣传册等，这样可以转移注意力，调整情绪，克服怯场心理。切忌东张西望，也忌讳轻易做出评论，因为你一旦评论了，你的兴趣爱好、价值观就暴露了。

（2）面试官一般会简明扼要地介绍公司的情况。

在这个过程中，求职者要聚精会神，不要做出或露出任何不专心的行为或表情，还要在笔记本上记下重要信息。否则，求职者会被认为不重视面试。接下来，求职者将被告知进入正式的面试程序。在这个过程中，求职者千万不要和面试官开冷玩笑。我有一次问求职者："你是怎么想来应聘我们公司相关岗位的？"这个求职者回答："不是你打电话叫我来的吗？"他这样回答后，显然面试不会成功。

（3）面试官浏览简历后正式面试。

在这个过程中，求职者顺应面试官的话题回答为好。我有一次问求职者："你可以介绍一下你的简历吗？"这个求职者回答："不是简历上都写着吗？"显然，该求职者此次面试的心态并不积极。另外，求职者在编写简历的时候，不要在简历里作假或夸大其词，否则很容易被当场戳穿。

第七篇

求职面试的着装和礼仪

求职面试看起来很复杂、很困难，其实就是要求求职者在面试中做到三个"如何"：如何引起面试官的注意；如何展示自己的内在修养和人格魅力；如何获得面试官的认可。正确的面试着装和礼仪有助于求职者完美收官这三个"如何"。

一、女性求职面试的着装

（一）女性求职面试着装的基本要求

女性在求职面试时，建议上身以中性服装为主、下身以裙装为主，服饰颜色以自己的肤色属性为前提。如果穿长裤，应选择质地柔软、剪裁合宜的西装裤。如果穿裙子，裙长应至少盖住大腿的2/3，袜子不能有脱丝，不能光腿。

面试求职，忌穿无袖、露背、迷你裙等装束，避免给人一种轻佻、浮躁的感觉。不要穿露出脚趾的凉鞋，不要穿长而尖的高跟鞋，中跟鞋是最佳选择。穿靴子时，裙子的下摆要长于靴筒上端。

配饰要简洁、高雅，避免夸张，避免几个手指都戴戒指，避免饰物过多，避免首饰有名字或姓名首字母。稍稍化一下妆，但不要化浓妆，宜选择自然清淡的颜色，保持整体妆容的干净，注意不要掉妆。指甲、配饰等细节都应干净清爽，给人以洗练、爽朗的良好印象。

公文包或手提包，带一个即可，不要两个都带。不要把包塞得满满的。如果个子较矮小，包则不宜过大。不要背儿童化的包。

戴眼镜时，选择适合自己的镜框，式样宜新为好。切忌戴太阳镜（护目镜）去面试。可以选择戴隐形眼镜。

头发应干净整洁，仔细梳理成自然发型。若是长发，应盘起或者梳成其他看起来既专业又舒服的发型。不要让自己看起来好像刚起床或者刚从派对回来的样子。

手也是其外貌的一个方面，应保持干净，指甲应修剪好。千万不要留长指甲，更不要涂颜色艳丽的指甲油。

（二）女性求职面试着装的总体要求

1. 着装可侧重偏保守、传统

大家可以发现，在职场上的着装和化妆基本以礼仪为标准。什么是礼仪的标准？礼仪就是让人感觉很舒服的行为举止、衣着打扮等，所以基本是偏保守和传统为宜，因为人的礼仪认知受其从小到大的审美观、价值观的影响。

2. 服饰可侧重于物美价廉

应届毕业生求职面试，身份还是在校学生，那么学生就应该消费学生可以消费得起的物品，就不要背着昂贵的名牌包、穿着几万元的服装去面试。因为在职场中，一个人的定位非常关键，如果定位不清晰很难为组织做出绩效。

3. 着装要求一尘不染，平整如新

服装无论昂贵或便宜，干净整洁很重要。从一个人的着装可以看出这个人的做事风格，如果着装邋里邋遢，通常被认为做事拖泥带水，办公室工位环境也会比较差，文件材料整理也是稀里糊涂的。

4. 没有异味，纹丝不乱

求职面试前，女性要注意口腔气味清新，可以嚼口香糖。如果身体有狐臭等异味，不妨喷点香水。

二、男性求职面试的着装

（一）男性求职面试着装的基本要求

男性面试着装以西装为上选。西装外套遵守"扣上不扣下"的原则：

三粒扣的西装可扣上两粒或扣中间一粒；两粒扣的西装只扣上粒。坐下时，要解开西装，除非内穿背心，一般情况下从坐姿站立时，可不用马上扣扣子。

体胖的人，可选用深蓝色、深灰色、深咖色等颜色的西装。双排四粒扣西装，可掩饰微挺的肚子。矮而胖的人也可穿三件套，这样让身体的分割线不那么明显。高而胖的人，宜穿三粒扣的西装或单件西装，V 字部分长从而展现出潇洒的一面。

体瘦的人，穿米色、鼠灰色等暖色调西装。瘦而高的人，宜穿双排扣或三件套西装。瘦而矮的人，可在西服口袋中装饰手帕。

选择衬衫时，最保守的颜色是白色，衬衫的领口、袖口不要太宽，袖子应比西装袖子长出 1 厘米左右。

领带以深色为主，忌刺眼的颜色。领带的长度应是领带尖刚好盖住皮带扣。不要使用领带夹。

袜子的颜色应当和西服相配。通常应选蓝、黑、深灰或深棕色的袜子，不要穿颜色鲜亮或花哨的袜子。袜子的长度应合适，在叠起双腿时不至于露出有体毛的皮肤。

鞋面要亮，鞋跟要结实。鞋带要保持干净且系紧。切勿将黑鞋与棕色西装搭配。

头发要干净、自然，不要看起来油光发亮、湿淋淋的。发型要简单、朴素、稳重大方，不要留鬓角，最好不留中分头，头发也不能压着衬衣领子。此外，胡须最好刮干净，不要留夸张的胡子。

男性去面试时，忌戴项链、装饰别针、手镯、耳环等饰物。

（二）男性求职面试着装的总体要求

1. 西装要笔挺，衬衫要合适，领带要选好，皮鞋要擦亮，袜子要够长

大家可以自我对比一下，穿上西装的感觉怎么样？从审美观点来看，西装可以带来修身的视觉效果。穿上西装以后，你会觉得背脊更挺直了，精神面貌焕然一新。领带要选好。穿皮鞋的时候，皮鞋要擦亮，袜子长度

要适宜，不宜穿船袜。

2. 头发要干净、自然，手和指甲要整洁，注意保持个人卫生

我每次在高校招聘总会碰到些穿着打扮很随意的男生，肉眼就能看得到头皮屑，手指甲里有黑黑的污垢，胡子也没刮，上身西装、下身牛仔裤，光脚穿皮鞋……如此着装和外表的男生，面试官会认为这是来"打酱油"的。除非是专业水平很强、个性也强的研发类型人才，否则，一般的面试官是不待见这类男生的。

3. 公文包要简单，小饰物要简单适宜

现代社会，女性的包里一般装有很多东西。男性的包呢？建议东西装得越少越好，几件必备的物品即可，如笔、本子、简历、钱包等，不要放乱七八糟的东西，一是不美观，二是说明性格上有"选择困难症"。

三、求职面试中的基本行为礼仪

（一）求职面试要严格守时

我在给高校应届毕业生上就业指导课时，常会问同学们："HR 邀请你明天上午 10：00 到公司会议室参加面试，请问你几点到面试地点比较合适？"很多同学对此没什么概念，有些同学说"10：00 准时到"，有些同学说"9：30 到，早点到比较好"，有些同学说"9：55 到，稍微早一点比较好"。这些说法都不合适！比较合适的时间应该是在上午 9：45 到，为什么呢？

因为 HR 很忙，特别是负责招聘的 HR 更忙。当 HR 电话邀请求职者于上午 10：00 参加面试，一般他会在上午 9：40 ~ 9：50 结束自己手头的工作，等待求职者的到来。如果求职者在上午 9：30 到，他势必要停下手头工作来接待求职者，而因此耽误的工作需要他加班加点完成，若碰到有情绪的 HR，求职者的面试可能会很不顺利。那为什么上午 10：00 准时到

也不好？当 HR 在上午 9：45 停下手头工作等待求职者的时候，而求职者迟迟没有出现，他的第一反应是会不会被求职者"放鸽子"了，这会给他带来莫名的急躁情绪，求职者的面试也可能会不顺利。

如果因各种原因迟到了，怎么办？如果求职者预估会迟到，不妨打电话联系 HR，先表示歉意，再告诉 HR 自己预计什么时候可以到，让 HR 根据新的时间来安排他自己的工作。

（二）求职面试者的进门礼仪

求职面试在进面试的会议室或面试官办公室时，无论门是开着或关闭的，求职者都要先敲门，得到允许以后才能进房间。为什么一定要先敲门？敲门是礼仪，提醒面试官"我是否可以进来？"如果不敲门，是否可以直接进去？试想，当你正专心致志伏案工作，突然发现一个陌生人站在你跟前，你有什么感觉？还有，当他人在谈论私密话题，而你闷声不响地走过去旁听，他们有什么感觉？再者，在办公桌上散落着公司各类信息资料、文件等，你闷声不响走到办公桌前，人家会怎么看待你？因此，进门先敲门可以让人家做好接待你的准备。

敲门应该怎么敲？既不能声音太小，人家听不到，也不能用手掌拍门发出很大的声响，吓着人家。标准敲门方式：右手中指卷曲，用第二关节敲门，敲三下为宜。

敲门并得到答复"请进"以后，求职面试者才能进门，入室应整个身体同时进去，背对面试官将门关上，然后缓慢转身面对面试官，主动打招呼问好致意后入座。如果办公室的门之前是开着的，求职者进去后可以不关门。

在面试官没有让求职者坐下时，求职者切勿急于落座。在面试官要求求职者坐下后，求职者应道声"谢谢"，然后等待面试官发问。

切记：不要东张西望，不要动手动脚，不要打断别人讲话。

（三）面试中，应保持社交距离

有些面试官会采取情景模拟演练，这个环节需要求职者与面试官或其他求职者近距离接触。在这个过程中，我们要注意社交距离，以免让对方尴尬，造成自己落选。

与面试官的社交距离保持多少为宜呢？这比较讲究，按照礼仪标准，一肘的距离比较适宜。距离少于一肘，同性之间会产生厌恶之感，异性之间会产生误解或轻浮之感；距离多于一肘，彼此会产生距离感。

（四）与面试官的握手礼仪

在与面试官握手时，求职者必须注意以下礼仪，让面试官对自己有好感。

（1）目光注视对方 1～3 秒，微笑致意，切忌心不在焉、左顾右盼、眼神游离。

（2）握手前，应摘下帽子和手套，握手的时间保持在 3 秒为宜。

（3）必须站立握手，切忌坐着握手。

（4）握手时应当遵守"尊者决定"的原则。

（五）面试时的肢体语言

在求职面试交流中，如果面试官给求职者打 100 分，那么可能是语言表达占 45 分（声音 37 分，言辞 8 分），非语言表达（肢体语言）占 55 分。可见，求职面试的表达并不是"咬文嚼字"就能胜出，肢体语言大有文章。

1. 与面试官的眼神交流

在与面试官交流的时候，求职者要面带微笑看着面试官。在怎么和面试官做眼神交流的问题上，90% 的求职者不懂。

（1）眼神的交流不能超过 3 秒。

一般来说，眼神交流超过 3 秒的，要么是情人或亲人之间的眼神，要么是仇人之间的眼神。

（2）眼神的交流不能少于 1 秒。

按照心理学分析，眼神交流少于 1 秒的人不可靠，容易见异思迁。

（3）要学会看面试官的"三角区域"。

这是指在 1.5 米以内的距离看面试官"额头与双眼之间的三角区域"，在 1.5 米以上的距离看面试官"头和双肩之间的三角区域"。这类三角区域的注视非常得体，对方会觉得你在注视着他，而且也避免了眼神交流的尴尬。

2. 说话手势的控制

很多求职者在与面试官交流的时候，会带有手势，这个行为是正常的，而且手势运用得当还可以加强双方的语言交流。可是，很多求职者不会运用手势配合语言，而是很随意地乱做一通，与其这样，还不如不做。做手势，是有礼仪规范标准的，上不要超过自己的耳朵，下不要超过自己的腰部，手势打开要在左右肩的一肘之内。

3. 讲话时的声调控制

在求职面试时，语言表达要吐字清晰、语气要抑扬顿挫，要表现出激情和力量，这样，求职者呈现出来的精神面貌更具有斗志。在这个方面，大家不妨可以参考电视剧《亮剑》中李云龙在学校做毕业论文报告时的语气语调，以及马丁·路德·金进行演讲时的语调，多做一些自我练习。

（六）面试时，"站、坐、行、蹲"的姿势礼仪

"站、坐、行、蹲"等姿势的礼仪，接受过专业礼仪培训的求职者会表现得比较好。没有接受过专业礼仪培训的求职者，则需要高度注意，也许正因为你不懂这些礼仪而导致你心仪的岗位或单位与你擦肩而过。

1. 站立的姿势与礼仪

标准的站立姿势是挺胸收腹，目视前方。女性应双手交叉，右手在上，放在小腹部位，以丁字步站立；男性应双手位于身体两侧，两脚并拢站立。

切忌：双臂环抱，变换、摆弄手指，双手抱头，手插口袋，搔首弄姿，抚摸身体。

2. 坐的姿势与礼仪

坐姿的原则是"坐如钟"，给人以端正、大方、自然、稳重之感。面试时，上身略前倾，不要靠着椅背，一般坐满椅子的 2/3 较好，这个姿势背脊挺得最直，而且求职者站起来发言也非常方便。女性穿裙子就座时，背脊挺立，双手放腹部，双腿并拢或架腿式或交叉成丁字形或前伸后曲式。男性就座时，背脊挺立，双手可放在大腿部位，双腿并拢。

就座时，女性优先，注重谦让，不抢、不占，如果身边有一起来应聘的女性，男性应帮助女性拉出桌子下面的椅子，方便女性入座。女性入座时，应先侧身，待臀部入座后再移动身体正面端正朝向面试官。

离座时，如果身边是同性求职者，可以按照离门口的距离顺序站起，排队离开。如果身边有女性求职者，男性应当先礼让女性，女性离开后方可站立排队离开。身旁如果有人在座，应以语言或动作向其示意，方可坐下或站起。注意动作轻缓，落座无声，左进左出，并将椅子复位。

3. 行走的姿势与礼仪

从容、轻盈、稳重的走路姿势往往能体现一个人是否有信心，行走姿势要做到轻、灵、巧。男性要稳定、矫健；女性要轻盈、优雅。走路时，两眼平视前方，身体应当保持正直，两腿有节奏地交替向前、步履轻快、两臂在身体两侧自然摆动。女性宜走"一"字步，以小碎步为美，体现文雅秀气，以头顶像有一根线的感觉来行走，收腹挺胸，均匀跨步，两脚相距 20～30 厘米，两手自然微并，双臂前后协调摆动，手臂与身体的夹角一般在 10°～15°，切忌风风火火的"汉子风格"，并努力克服"内八字"和"外八字"；男性宜走平行步，以大步为宜，一般 75 厘米为一步，体现稳重有力。

二人同行时，以右为尊，以安全位置为尊；三人同行时，以中为尊；四人同行时，应分成两排，以前排为尊；相对位置时，以右为尊，以里为尊，以前为尊，以中为尊。在会议室时，以面门为尊，以左为尊。

4. 下蹲的姿势与礼仪

下蹲时，应抬头挺胸，保持上身挺拔，慢慢把腰低下，臀部向下，神情自然。

采用高低式蹲姿时，左脚在前，右脚稍后；两腿靠紧，左脚全部着地，并垂直于地面，右脚脚掌着地，脚跟提起；右膝盖低于左膝，右膝内侧靠于左小腿内侧；臀部向下。

四、面试中，学做一个积极聆听的求职者

（一）聆听时，应注意做记录

求职者去面试的时候，要带上笔记本和笔，便于把面试官问的问题一一记录下来。有的面试官，会一下子提很多个问题，但是按照普通人的记忆强度，一般最多记住 3 个问题，如果没做记录，求职者在回答时可能会漏掉一些问题，导致回答得不完整。另外，求职者在记录问题时，大脑也在组织相应的语言回答，有利于求职者更好地表现自己。

（二）聆听时，须面带微笑

在听面试官提问时，求职者要面带微笑，不时予以点头，表示自己听明白了，或正在注意听。当然，不宜笑得过度而导致面部肌肉僵硬，表情要自然。在聆听的时候，求职者要在自己的笔记本上记上几笔，表示自己很关注面试官讲的要点，从心理上获得面试官的好感。

（三）正确理解面试官的意思

当没有明白面试官的意思时，求职者可以直接问"请问，您的意思我是不是可以理解为……"，千万不能误解或曲解面试官的意思。当自己的理解与面试官的意思不一致的时候，千万不要据理力争，可以问："我可以根据您的意思，再阐述一下我的理解吗？"

（四）表述要简洁、清晰

有些求职者虽然知识很丰富，但是一到关键时刻就"短路"，这就是紧张所致，平时应多锻炼，有针对性地进行"口才与公众表达"训练。需要临时救急，该怎么办？有两点建议：

（1）表达的时候放慢语速。表达是为了让对方听懂并且理解你的思路、想法和意思，不宜语速过快。

（2）事先针对要表达的想法组织好语言，再进行表达。

（五）注意面试官的表情，及时调整自己的表达内容

时刻观察面试官的表情变化，注意调整自己的思路和要表达的内容。

（六）面试结束，向面试官致谢

面试是一面镜子，通过面试，求职者能更清楚地了解自己的优点和缺点、长处与不足、适合什么岗位和什么类型公司，无论面试情况怎么样，都无须兴奋与气馁，我们要感谢面试官花时间来"指导"自己。只有面试官主动向求职者伸手，发出握手邀请，求职者才能伸出右手与之握手，求职者不宜主动要求与面试官握手。出公司大门时，求职者还应该向接待人员表示感谢，感谢他为自己"指路"。

第八篇
求职被录用的秘诀

8

既然我们知道面试的目的是用人单位考查求职者的综合素质，那么我们在回答面试官的问题时，要回答关键点，做到问有所答，避免答非所问，这就是有效面试！有效面试，就是要体现一个求职者的综合素质。

一、解密企业怎样选人

我在给一个 HR 班学员做培训时，把一个企业出的题目，交给这些学员来做。

企业拟花 100 万元年薪，要求 HR 给单位招聘员工。方案有：

A. 招 1 个年薪 55 万元的，加 9 个年薪 5 万元的；

B. 招 10 个年薪 10 万元的；

C. 招 5 个年薪 20 万元的。

要求：请选择方案，并说出理由。

学员们展开了颇为激烈的讨论，选择哪种方案的学员都有。

选 A。优点：一只"狼"带领一群"羊"。缺点：时间长了，"狼"可能会被"羊"同化。而且，万一"狼"觉得年薪 55 万元还不够，不久后"狼"就可能另寻他处。

选 B。优点：这应该是一个成员水平旗鼓相当的团队，团队努力还有上升的空间。缺点：估计招聘到的是一群"羊"，招聘不到"狼"。

选 C。优点：年薪 20 万元的人，应该各方面能力都还不错，但时间长了也会不满足于 20 万元年薪，大家会更加努力。缺点：年薪 20 万元的人有想法，但是工作不会多么积极，他会考虑自己拿多少钱做多少事。

还有学员提出方案 D：可以招 100 个年薪为 1 万元的"羊"，采取"羊群战术"。

这几种方案，作为 HR 都有这样的认知，几种方案所涉及人群的能力还是有差别的：年薪 5 万元的人，应该是普通员工（根据二八法则，单位里 80% 的人有混日子的想法），给公司带来的效益不会太大；年薪 10 万元的员工，需要在其身后使用"鞭子"才能产生公司期待的绩效水平；年薪 55 万元的员工，往往喜欢有挑战性的工作，这类员工会想方设法完成业绩。

更有甚者，提出方案 E：在方案 C 的基础上升级，要这 5 个人各自组建团队或者在 5 个人中选拔一个团队负责人。

还有学员提出建议：根据企业的实际发展需求来选择，不同阶段有不同的选择。他认为：

①初创型企业必须选方案 A。理由：该方案的团队凝聚力是最强的，团队的矛盾会很少，后备力量可进行培养，9 个年薪 5 万元的人跟着一个年薪 55 万元的人成长会更快，缺点是缺少中坚力量。

②成熟的企业可以选方案 B。理由：年薪 10 万元的员工基本上只能算是企业的骨干力量，这个层面的员工动手能力强，但思维有限，如果领导有一定的时间，可以引导这 10 个年薪 10 万元的员工提升思维，把他们向主管级培养。但如果招聘这 10 个人仅用于岗位工作，这个方案无疑是性价比最高的，前提是有人统筹。

③如果领导是领袖人物，可以选方案 C。理由：年薪 20 万元的员工算是中坚力量，有一定想法也有一定实操经验。企业达到一定规模后，缺这类人，他们可以带一个小组或一个小团队。如果是科研、技术类工作，也可以将他们组成一个团队；如果是职能类的工作，把他们放在一起容易产生矛盾，同时也容易形成各自为营的局面。所以，企业在激励方面已经比较成熟的情况下，这 5 个年薪 20 万元的人可以通过有效考核达到高效工作。

（一）HR 和领导的冲突

HR 经常碰到这类薪酬设计问题，思维有错吗？当然有错！因为我们分析了各种情况的利弊，还让领导做选择题。所以，当 HR 学员问我会怎么选择时，我问他们："你们知道领导想要的是什么吗？"学员们又回答了很多，但是能点中领导"想要什么"的很少，绝大部分学员不知道领导想要什么。

薪酬设计本来就是 HR 的职能模块之一，却因为 HR 不懂领导，导致很多企业的薪酬结构都是领导直接敲定。HR 在这些企业的领导心中也就成了重要而不紧急的角色。

领导想要什么？他们创办企业要挣钱，这是企业生存的本质。如果企业不挣钱，会现金流短缺，最终破产倒闭，这不会因领导的情怀而改变。HR 必须领会领导对成本和效益的想法和诉求。

（二）解密人才选拔：要会算钱

领导要招聘什么样的人？要回答这个问题，我们要首先回答员工和领导的关系是什么。我每次问 HR 这个问题时，得到的答案都各不相同，如合作关系、共赢关系、同事关系、上下级关系等。这些回答正确吗？

看起来正确，但是没有深入本质。马克思告诉大家，这个关系就是剥削与被剥削的关系。领导就是要赚取员工的剩余价值而使企业生存并发展，领导要找的就是能给企业挣钱的员工。换句话说，员工的工资是自己挣的，不是领导给的。

态度好、绩效好，是企业的"人财"；态度好、绩效不好，是企业的"人材"；态度不好、绩效好，被企业视作"人才"；态度不好、绩效不好，要被企业"人裁"。

所以，上述的选人方案，HR 一定要根据企业的"成本＋效益"来算账。我们假设企业赚的剩余价值是 50%，那么企业拿出 100 万元薪酬招聘，其实就是想再挣 100 万元回去，而且企业挣钱的目标每年递增 20%，那么就很好计算了：3 种方案第一年的"成本＋效益"是一样的，第二年采取方案 A 在效益上是一样的情况，但是企业可以比采用方案 B 或方案 C 省 6 万元，也就是第二年多挣了 6 万元剩余价值。以此类推，以后年度随着员工技能提升越快，企业挣的钱就越多！

（三）选择什么样的人才？以个人绩效促进组织绩效

我在前一段时间看了一篇有关碧桂园的文章，文中提到碧桂园花了 30 亿元招了 300 人。2007 年，碧桂园成功在香港上市，杨国强的女儿杨惠妍，随即以超 1200 亿元的净资产，成为 2007 年《福布斯》中国首富。历时仅六年，杨国强以一种匪夷所思的速度，把碧桂园的销售额从 432 亿元增长到 3088.4 亿元，销售规模涨了 6 倍多，这是怎么做到的？据说，2013 年春天的一个下午，杨国强与马明哲两人在一场高尔夫球赛间隙交流，杨国强问马明哲："你管理平安万亿资产，有什么秘方？"马明哲说："我哪有什么秘方，就是聘用优秀的人。我这里有很多年薪千万的人。"回去后，杨国强对时任碧桂园人力资源总经理的彭志斌说："我给你 30 亿元，你去给我找 300 个人来。"2017 年，总经理的年薪约为 605.4 万元，执行董事及联席总裁的年薪约为 600 万元，首席财务官的年薪约为 619.5 万元。当然，碧桂园的业绩规模也成倍增长，从 2011 年的 432 亿元增长到 2016 年的 3088.4 亿元。2016 年年底，入职碧桂园的博士已超过 400 人。

HR 作为领导身边专业的薪酬与组织绩效专家，"用领导的思维做 HR 的工作"，才能把人才打造成企业的"核心人财"，而不仅仅是"人材"。当然，企业的组织绩效停留在什么层面，员工对个人绩效要求就处于什么层次，正所谓你给员工吃"草"，你带的就是一群"羊"；你给员工吃"肉"，你后面就是一群"狼"。

（四）领导普遍看重何种人才

中国网通总裁和 UT 斯达康公司创始人在做客一档栏目时，主持人列出了八种类型的人才，让他俩从中选择三种。

- 勇敢，做事不计后果；
- 点子多，不听话；

- 踏实，没有创意；

- 有本事，过于谦虚；

- 听话，却没有原则；

- 能力强，但不懂合作；

- 机灵，但不踏实；

- 有将才，也有野心。

结果，这两位所选的三种类型中，有两种类型是相同的，即：

- 勇敢，做事不计后果；

- 有将才，也有野心。

这个选择，说明了领导普遍看重有能力的员工。企业绩效也有"二八"法则，就是企业80%的绩效是由20%的员工创造出来的。我们把企业的员工按照能力做纵轴、态度做横轴，分成如图8-1所示的4个象限。

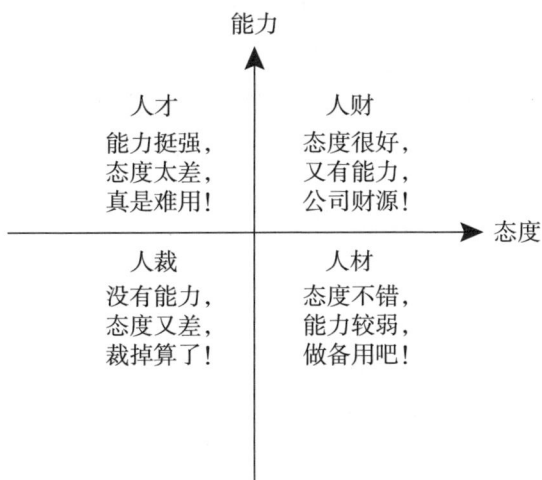

图8-1 企业的四类员工

1. 能力强，态度积极，就是"人财"

这部分员工，是大家都喜欢的员工，是要重用和提拔的员工，这个象限的员工属于创造80%绩效的那20%员工。

2. 能力强，态度差，就是"人才"

这部分员工，领导"用"但不"重用"，企业还要有监督跟踪机制

"配"置，防止这部分员工产生负能量或意外损失，这个象限的员工属于创造 20% 绩效的那 80% 员工，一般很难被提拔。

3. 态度消极，能力又差的员工，就是"人裁"

这部分员工，是一定要裁掉的，因为他们有时候会产生负绩效。

4. 态度积极，能力比较弱，就是"人材"

这部分员工，领导不会让他们吃亏，因为能力有限无法重用，这个象限的员工属于创造 20% 绩效的那 80% 员工。

二、在面试环节中决定录用的因素

我有一次在浙江某大学做应届毕业生就业指导讲座，中场休息期间，一个研究营养学的女博士提问："余老师，我前几天去万科在杭州的一家公司应聘办公室综合文员，但他们没有录用我，为什么？"我回复她："如果我是这家公司的 HR，我也不会录用你。"大家试想一下，一份本科生或者专科生就可以胜任的工作，人家会考虑找个博士来做吗？

面试录用的原则，不是选择求职者中的最优秀者，而是选择求职者中的最合适者，即企业在发展的合适的时间，选择合适的人，安排在合适的岗位。

所以，常有很多的求职者在面试以后，自我感觉非常好，最后却没有被录用，感觉很诧异。企业招聘求职者时，会对其进行综合考评，一般来说，考评分值比例如下。

1. 对企业文化或价值观认同，占 50% 左右

所有面试官在向求职者提问时，特别是在对一些案例分析、情景模拟的时候，考查的就是求职者的价值观和价值取向。我们也可以对身边的商海、官场成功人士做出总结性分析，他们身上体现的素质和能力一般是敬业、责任心强、细心、自信、勤奋、悟性高、认真、务实、善于沟通、有团队精神等，而不是学历。

2. 面试时表现的专业能力和综合能力，占30%左右

3. 面试时的激情和热情，占12%左右

这一点很重要，完全可以成为求职者面试成绩的加分项或减分项。求职者参加任何面试都要积极热情，语言表述要饱含激情。

4. 受教育程度，占6%

学历只能代表一个人目前拥有的专业知识程度，但是企业要的是绩效。

5. 其他考虑的因素，占2%

例如，求职者的男（女）朋友是否在异地，求职者的家庭情况，等等。

面试考查的维度有很多，但无论如何考查，面试官所要完成的任务就是测试求职者与岗位的匹配度，即求职者的性格、专业、能力是否匹配岗位"胜任力模型中的特质或素质"。从社会上招聘的求职人员（不包括蓝领）的人岗匹配度在35%~65%，应届毕业生的人岗匹配度更低。

人岗匹配度，看似很难衡量，其实不然。企业追求的是什么？是绩效。例如，某企业行政文员岗位的工作内容之一是做会议记录，需要打字速度达一分钟180字，求职应聘人员A的打字速度为一分钟90字，那说明匹配度在50%。如果A有视力残疾或上肢残疾，那么匹配度会更加低，说明A不能胜任这个岗位。

三、面试考查中的"冰山模型"

HR一般根据"冰山模型"（见图8-2）将面试的测试评估分成以下三个维度。

第一维度：知识/经验。

这个维度测试评估的资料，一般比较容易得到。例如，要招聘一名外贸跟单员，要求英语6级，求职者只要拿出英语6级证书，就能说明其具备这些知识；要招聘行政人员，需要一定的组织能力，如果求职者提供其

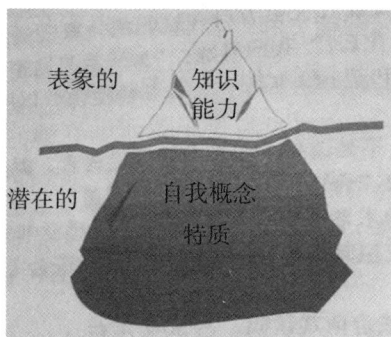

图 8 - 2　冰山模型

在大学期间担任班干部、团干部、学生会干部、社团干部的相关证明，就能说明其有这方面的经验。

第二维度：能力/素质。

这个维度测试评估的资料，是通过书面测试、案例分析、模拟情景面试等得到，一般由面试官在面试后得出结论，用得比较多的是结构化面试法，也称行为面试法，能够比较精准地判断出求职者的真实水平。

第三维度：性格/价值观。

性格测试，可以通过性格测试软件或者书面的性格测试得出。性格测试的结果，面试官往往会比较看重，也是人岗匹配度比较重要的参考依据。所以，大家一定要应聘符合自己性格特征的工作岗位，也就是职业锚一定要定位准确。

四、面试中"有效"的自我介绍

自我介绍环节很重要，尽管求职者在简历上已经写得很清楚了，但面试官还是要听求职者自我介绍，其实就是要考查求职者的口头表达能力。在面试的口头表达能力上，根据我的观察，有 70% ~ 80% 的求职者存在一定问题，主要表现在平时私下交流很顺畅，一到面试场景就紧张，表现出结巴、语无伦次、忘词等状况。为了解决这个问题，有的求职者把自己的介绍部分背了下来。这是可以的，但是千万不要死记硬背。否则，万一面试官中间打断一下，你就要重新搜索记忆，势必会影响面试印象分。死记硬背还会造成严重的心理依赖，一上场就依赖于死记硬背的部分，反而导致产生更加紧张的心理。如何克服紧张，前面章节也已经做了介绍。

求职者在自我介绍时，事先做功课是必需的，只要记住几个关键词就可以了，其他的可以临场发挥。临场发挥要求求职者有良好的表达能力，而且还要控制好时间，当面试官说"请每位同学用 3 分钟做一下自我介绍"，最佳的结束时间是在 2 分 45 秒到 3 分 10 秒。否则，3 分 30 秒以后讲的就是废话，面试官压根就听不进去甚至会要求你终止发言。

在组织自我介绍的相关内容时，求职者可以参考以下几点。

（一）有自己的独特风格

求职者要努力让自己在众多求职者中凸显出来。因此，在做自我介绍时，求职者务必把自己一些独特的、与众不同的经历或特长说出来。一般可以介绍自己比较典型的特质或特长。有一次，我去浙江财经大学招聘员工，一名学会计的男同学在做自我介绍时，说自己是业余作家，并把自己写的文章装订成了一本很精美的书，一下子就把在场所有面试官给吸引住了。

（二）与求职岗位相关

记住，面试官只是希望知道你的个人经历及特点是否符合未来工作岗位的需求。所以，求职者一般可以介绍自己的工作经历，应届毕业生可以介绍自己的实践或实习经历，以及相关业内人士的评价，或在专业上的见解，而且所介绍的实践或实习经历要与求职岗位的工作相关。

（三）让自己与目标岗位有连结

求职者应对目标公司进行有关了解，看看自己有没有什么特点和这个公司的一些文化特点及岗位需求相符合。

（四）表达要富有激情

从心理学角度讲，富有激情的人对工作是热情饱满的，企业喜欢这样的员工。

（五）忌拖泥带水，要求简明扼要

自我介绍的内容不要涉及过多细节，多用实义动词而少用虚词。说话要干脆，不要拖拉，尽量避免口语"这个""那个""嗯""啊"等，要体现出干练的形象和气质。

在做自我介绍时，求职者最好不要做以下五项自我评价：

（1）善于与人打交道。

（2）工作和学习比较努力。

（3）学习能力比较强。

（4）诚实可信、比较可爱。

（5）具备较强的团队合作精神。

根据心理学家研究得出的结论，有70%的人在做自我评价时会提到上面这五句话。所以，我认为这种泛泛而谈，可以省略。

五、应对面试官提问的攻略

在面试环节，很多求职者虽然专业知识很扎实，却屡屡被淘汰，问题往往出在不会回答面试问题。在这方面，我们既需要懂面试（如结构化面试）技巧，还需要改变一些常规思维模式，换个角度来回答问题。

（一）与面试官交谈时，应注意的基本事项

1. 做到自然、实事求是

"知之为知之，不知为不知"，在面试过程中，求职者应如实回答面试

官，含糊其词会导致面试失败。求职者千万不要为了顺应面试官的思路或喜好而虚假回答。第一，我们很难预测面试官希望看到求职者具备哪些素质；第二，如果求职者是通过虚假回答侥幸通过了面试，却干了与自己的职业锚不符的工作，求职者以后的工作也将很难开展。

2. 对面试官的问题，要逐一回答

一般情况下，求职者不要打断面试官的问话。对问到的重复问题，求职者要耐心回答，不要表现出不耐烦。

3. 面试过程中，必须尊重面试官

在整个面试过程中，求职者应保持举止大方，谈吐谦虚谨慎，态度积极热情。如果当时有两位以上的面试官，回答谁的问题，求职者的目光就应注视谁，并应适时地环顾其他面试官，以表示对他们的尊重。

4. 讲话口齿清晰，语言流利

求职者要注意发音准确，吐字清晰；注意控制说话的速度，避免磕磕巴巴，影响语言的流畅；做到语气平和，语调恰当，音量适中。两人面谈且距离较近时，说话声音不宜过大；群体面试而且场地开阔时，说话声音不宜过小，以每个人都能听清你的讲话为原则。

5. 语言要含蓄、机智，可适当幽默

除了表达清晰，求职者可以根据情况适当使用幽默的语言，为谈话增加轻松愉快的气氛，这也能展示自己的优雅气质和从容风度。尤其是当遇到难以回答的问题时，机智幽默的语言会显示自己的聪明智慧，有助于"化险为夷"，并给人以良好的印象。我有一次问一个求职者："你对客户有什么评价？"他回答了半天也说不到点子上。面试结束后，他问："余老师，这个答案你能告诉我吗？"我告诉他："客户，就是周华健的一句歌词所唱的'让我欢喜让我忧'的人！"他立马就懂了。所以，同学们也可以这样回答。

6. 把握重点，简洁明了，条理清楚，有理有据

一般情况下，回答问题要结论在先，议论在后，即先将自己的中心意思表达清晰，再进行叙述和论证。讲清原委，避免抽象。面试官提问

总是想了解求职者的一些具体情况，切不可简单地仅以"是"或"否"作答。

7. 确认提问内容，切忌答非所问

面试中，求职者如果对面试官提出的问题一时不懂、不知从何答起或难以理解问题的含义时，可将问题复述一遍，先谈谈自己对这一问题的理解，请教对方以确认内容。对不太明确的问题，一定要搞清楚，这样才会有的放矢，不至于答非所问。很多问题是没有标准答案的，主要是考查求职者的逻辑和分析能力。再难，也不要怯场，因为很多面试题目并不要求按照参考答案来回答。

8. 有个人见解，有个人特色

具有独到的个人见解和个人特色的回答，才会引起面试官的兴趣和注意，切忌千篇一律。建议求职者在参加面试之前，先查一下该求职岗位的胜任力模型，再对自己进行态势分析（SWOT 分析），了解自己的优势（Strengths）、劣势（Weaknesses）、机会（Opportunities）、威胁（Threats）。

（二）常见面试题的回答技巧

我在各高校做就业指导讲座时，很多同学把在面试中遇到的问题提出来咨询，说这些问题感觉很难回答。无独有偶，我在为 HR 做招聘面试课程培训的时候，在问题聚焦环节，大家通常会将问题聚焦于"面试官经常会问的问题有哪些"。

以下六个问题是应届毕业生求职者在面试过程中经常被问的问题。

1. 请简要地谈谈你自己

面试官出这个题目的意图，就是要考查求职者的口头表达能力，以及是否对自己有正确的认知。所以求职者在求职前一定要认真地对自己进行SWOT 分析。另外，求职者在面试时要视面试官要求的时间而灵活应对，如果在 3~5 分钟，就按照前面章节所介绍的方法进行自我介绍；如果在 5~10 分钟，就从个人的性格、特长、研究领域、兴趣爱好等方面进行展开。

2. 你觉得自己最大的优点是什么？你觉得自己最大的缺点是什么？

这两个问题，求职者普遍认为很难回答，特别是"你最大的缺点是什么？"，如实回答肯定要被淘汰，例如，回答"我最大的缺点是比较粗心"，那求职面试肯定没戏；如果说得太虚了，例如，回答"我最大的缺点是不爱惜自己身体，喜欢加班加点"，会让面试官感觉不真实。

有一次，浙江工业大学化学专业的一个女生问我："余老师，我上周去一个单位面试，求职化学实验分析岗位，面试官问我最大的缺点是什么？我自己感觉好像没答好，我说我比较喜欢花钱，基本上每月入不敷出。"这位同学很聪明，采取了避实就虚的原则回答面试官的问题。但她的面试官对这样的回答也许会不满意，因为她没有给出答案，她的"缺点"与岗位一点关系也没有！

那么应该如何回答这个问题？我们又要回到胜任力模型的概念上。就拿这位化学专业的女生的情况来分析，在化学实验分析岗位的胜任力模型中，排在最前面的特质是认真、仔细、负责、专业、敏感等，相对而言，交流沟通能力会排在后面。那么，这个女生可以回答面试官"我最大的缺点就是沟通能力比较欠缺"，沟通能力欠缺是缺点，但沟通能力并不是该目标岗位胜任力模型的重要特质。

3. 你期望的薪酬是多少？

面试官经常问这个问题，目的就是探询求职者的薪酬期望值，以评估目标岗位与求职者的匹配度和岗位稳定性。其实，很多求职者也希望了解目标单位和岗位给予的薪酬是否符合其心理预期，以便于比较。

但是这个问题很难回答，也是求职者面试时最纠结的问题。如果直接说薪酬数字，不论是说高了还是说低了，都会被面试官淘汰。也有求职者说："余老师，我就说'你们公司有薪酬制度，而且薪酬制度不会因为一个人做调整或改变，按照你们公司的薪酬制度确定'"。这样的回答看起来并无错漏，但是你心中对薪酬了解了吗？

回答这个问题，无论说错与否，我们不妨把责任转嫁给第三人，可以这么回答："贵公司这个岗位，据我师哥师姐说有 6000 元/月。"那么，岗位薪酬无论高于 6000 元/月还是低于 6000 元/月，面试官都会给你一个肯定或者否定的回答，如此，求职者就了解了该岗位的薪酬。而且无论说错与否，均不是自己的问题。

4. 最近找工作时曾面谈过哪些问题？应聘过什么岗位？结果如何？

求职者在回答这些问题的时候不要太实诚，也就是要说些"善意的谎言"。试想，如果你回答"尊敬的面试官，贵公司是我面试的第六家公司，之前应聘的岗位都和贵公司一样，结果还不错，我已经收到了四家公司的录用通知"。面对这样的回答，面试官会怎么想？第一反应，会认为这次面试只是你的"备胎"而已；第二反应，很想知道另外两家公司为什么没有录用你，你在其他单位面试时谈些什么，你是怎么回答的。如此，你被淘汰的可能性是 100%。言多必失，面试官问你这个问题只是为了满足他的好奇心而已。

也有求职者问："余老师，现在不是提倡诚信吗？诚实不好吗？"诚实是值得赞赏的，但诚实回答面试官提出的这个问题就略显情商低了。

假设你是一名中式快餐店的服务员，某天 11：00 来了一位顾客要买早餐，而店里规定 10：30 以后不再出售早餐，你对这位顾客说："按照规定，这个时间不卖早餐，现在只能卖中餐。"顾客说："我就要吃你们店的早餐，我不想吃你们店的中餐。"店长也告知不能出售早餐。这时候，这个顾客拿出菜刀，问你："卖不卖早餐？"这种情况下，你要不要出售早餐给这个顾客？结局是肯定的，你的店长会让你尽快卖早餐给这个顾客。

还是上面这个故事，假设你是一名中式快餐店的服务员，某天 11：00 来了一位顾客要买早餐，而店里规定 10：30 以后不再出售早餐，你对这位顾客说："按照规定，这个时间不卖早餐，现在只能卖中餐。"顾客说："我就要吃你们店的早餐，我不想吃你们店的中餐。"（我们换个情景）你对顾客说："不好意思，今天的早餐全部卖完了。"这位顾客会拿出菜刀来强迫你卖早餐给他吗？

依然是上面这个故事，假设你还是一名中式快餐店的服务员，某天 11：00 来了一位顾客要买早餐，而店里规定 10：30 以后不再出售早餐，你对这位顾客说："按照规定，这个时间不卖早餐，现在只能卖中餐。"顾客说："我就要吃你们店的早餐，我不想吃你们店的中餐。"你对顾客说："不好意思，今天的早餐全部卖完了。"（我们再换个情景，柜台后面撤下的早餐被顾客看到了）你再说："这些早餐是早上被退回来的，准备拿去送检化验，如果您想要，我全部免费送您！"这位顾客还会拿出菜刀来要求购买早餐吗？

所以，对这道面试题目，求职者不妨学习后两个情景中的服务员，灵活应对。最佳的回答是："贵单位是我一直想进的，我从大学一年级就想求职贵单位，今年终于有机会来贵单位面试，非常感谢给我这次机会。为了今天这次机会，我准备了四年。现在我没有去其他单位求职，也没这个想法，贵单位是我唯一的选择。"这样"表白"，肯定加分。

5. 你找工作时最在乎的是什么？请谈一下你理想中的工作

现在很多年轻人理想中的工作是"睡觉睡到自然醒，钞票数到手抽筋"，通俗一点说就是"钱多、事少、离家近"。愿望是好的，但是不可取，原因已经在前面讲得很清楚了。在面试官面前，求职者千万不要直接描述你所谓的理想，因为面试官会推断，当你的这些理想得不到满足时，你就会离职！

所以，这个问题的最佳答案是："我找工作时最在乎的是能否得到培训机会和前辈的指导，理想中的工作就是每天有进步，能有一个施展自己才能的舞台，能得到组织的赞赏和肯定！"

6. 为什么离开上一家单位？

这个问题其实也是非常难回答的，员工的离职原因无非就是钱，没给到位或心委屈了。也就是薪酬待遇没有给到位，或者职业发展平台没给到位。如果求职者是因为前单位给的工资太低或者职务太低才离职的，那么面试官的第一反应是，如果招聘了这个人，有一天单位给他的薪酬待遇没有满足他的心理需求或给他的职务没有满足他的心理需求，他是不是也会离职？

所以，这个问题的最佳答案是："目前的单位管理混乱（或资金链断裂或客户流失或产品换代跟不上或市场萎缩或研发疲软等），快倒闭了，我才离职的。"至于企业内部的管理或资金链等问题，外部是很难了解的，但是"目前的单位快倒闭了，我才离职的"是很正常的心理行为。

（三）结构化面试（行为面试）的回答技巧

结构化面试法是非常专业且精准的面试方法，目前能熟练掌握这门面试方法的面试官并不多，不过，大型企业或社会标杆企业的面试官大多采用这个面试方法。

有一次，我去安徽某大学招聘行政文员，来求职的是一位社团干部，面试时我问她："我下面要进行行为面试，请你告诉我，你在大学期间感到最悲伤的一件事情是什么？"我要考查行政文员胜任力模型的抗压能力，是想评估她从悲伤事件走出来的能力。结果这位女生回答："在大学期间，我最悲伤的事情是我外婆去世。"虽然这的确是最悲伤的事情，但是和目标岗位没有任何关系，我就没有对她进行接下来的面试了。

尽管应对结构化面试有点难，大家还是要认真去学习和了解。在这里，简明扼要地介绍下结构化面试。

1. 什么是结构化面试

结构化面试就是面试官关注求职者过去实际发生过的行为，即：在过去的个人经历中，有没有遇到过所要应聘的工作中可能会遇到的一些类似情景，以及当时是怎么处理的。

（1）结构化面试的原理。

①人的行为模式是相对稳定的，不会在短时间内发生大的变化，遇到类似的情况，人的行为反应倾向于重复过去的方式。例如，昨天你的闺蜜A向你诉说她和男朋友分手了，你在昨天是如何劝说她想开一点的，在未来两个月后你的闺蜜B也向你诉说她和男朋友分手了，你会下意识地把劝说A的那些话对B说。

②不同的岗位，胜任力模型是不同的。像前面章节所说的，贾府招聘，其中一项胜任力特质是沟通能力强，善于圆滑处事，那就要问所有求

职者一个问题："请你告诉我，在过去三年内，你认为在沟通上做得最成功的一件事情是什么？"如果王熙凤来应聘，估计她的成功案例会有很多；如果林黛玉来应聘，估计就很少甚至完全没有。由此判断谁能胜任就一目了然。

（2）结构化面试法的优点。

①避免面试官受主观影响对求职者的评价。在结构化面试中，面试官对求职者的评价基于其行为表现，而非仅凭面试官个人的主观感受或直觉。

②避免求职者提供含糊空泛的资料。在结构化面试中，面试官采用追问的方式，求职者将难以隐瞒过往的事实，所提供的资料要具体且真实，让有真才实学但不善于表达或临场发挥欠佳的求职者有机会胜出。

2. 如何回答结构化面试的问题

对于结构化面试的问题，按 STAR 原则回答即可。这是一个标准模型，即：情境（Situation）、任务（Task）、行动（Action）、结果（Result）。

（1）情境（Situation）/任务（Task）。

指求职者行为的背景或处境，要知道自己为什么有这样的表现。

（2）行动（Action）。

指求职者因某种情况或某项任务所做的和所说的内容，这是 STAR 原则的关键。这个环节要注意，关注求职者自己做了什么，而不是求职者的团队做了什么。

（3）结果（Result）。

指求职者行动所引起（产生）的结果，以显示其行动适当或有效。面试官通过结果来评估求职者的行为，进而预估该求职者在未来岗位上的能力匹配度。

例如，面试官问一个应聘护士岗位的求职者："请你告诉我，你认为最能体现你责任心强的一件事情是什么？"

这个求职者可以回答："有一次一个花园发生大火，我作为浙江中医药大学的实习护士刚好在值班，由于事发突然急诊室一瞬间挤满了受伤的人，秩序相当混乱，虽然当天我已工作了 8 个小时，但是我还是继续当值，照料伤员，直到其他同事前来支援，我才离开，当时急诊室的工作已经恢复正常。"

这样的回答就给了面试官一个非常完整的 STAR：S、T 是在花园发生大火时，她作为浙江中医药大学的实习护士正在值班，且急诊室已挤满了受伤的人，相当混乱；A 是虽然她已经工作了 8 个小时，但还是选择继续当值，照料伤员；R 是直到其他同事前来支援她才离开，当时急诊室的工作已经恢复正常。

上述回答，也体现了结构化面试法的回答要点。

①求职者（不是团队、他人）自己的经历。如果她的回答是："我已经在当天工作了 8 个小时，照料伤员。"那么求职者在干什么面试官无从知晓。也许大家在忙，求职者在睡觉呢！

②客观、足够具体（非含糊描述）。如果回答："我作为浙江中医药大学的实习护士刚好在值班，当时急诊室似乎挤满了受伤的人，好像秩序相当混乱"，就是不客观的现象，那么求职者的表述会让面试官产生很多疑问。

③过去发生的事情（不是一般的、理论的看法）。如果回答"如果我作为浙江中医药大学的实习护士，只要是我值夜班，哪怕是急诊室挤满了受伤的人，无论多么混乱……"还没有发生的未来事情，谁知道呢？面试官无法评估和判断求职者的行为。

3. 避免无效的 STAR 回答

（1）含糊的回答表述。

例如，"我时常去拜访客户，了解他们的需求"。

（2）主观的回答表述。

例如，"我认为作为领导，最重要的是具备……""我想我的工作热情会感染我的下属，让他们像我一样努力工作"。

（3）泛泛而谈的回答表述。

例如，"我计划在明年进修 MBA 课程……""如果由我决定，我会在设计规格获得批准后才……"。

4. 结构化面试考查的四种能力和素质

根据我对 HR 学员的结构化面试问题的归类，下面四种能力是常被问及的。

（1）领导能力。

常见的问题：请举例说出你曾领导团队完成并且获得成功的项目。

（2）创新能力。

常见的问题：请举例说出你的创意起了决定作用的一个典型事件。

（3）团队合作能力。

常见的问题：请举例说出你是怎么通过团队协同合作而完成一个项目的。

（4）解决问题的能力。

常见的问题：请举例说明你是如何解决一个棘手问题的。

9

第九篇

指导求职就业咨询的案例

我在给上千位求职者做就业咨询的过程中，有很多咨询问题是相似的。这说明对于某些问题，大家有着同样的困惑。在本章，我将这些问题进行分类并解答，便于大家对照分析，希望在择业、就业方面对大家有所帮助。

一、选择就业还是选择考研

案例 1

　　周××，杭州电子科技大学，本科，会计学专业。

[困惑]

　　虽然读的是会计学专业，但我更喜欢法律，是否有会计和法律相结合的岗位或专业？最近三个月是选择考研还是找工作？

[专家指导]

　　（1）会计和法律的相关性不是很大，如果非要找结合点，投行和风控岗位尚有结合点。

　　（2）你读了4年的会计专业，建议你毕业后的3年钻研会计专业，把会计学精、学深、学透，记住"学会什么，不一定干什么"，会计专业的知识对于你以后的工作还是很有帮助的。

　　（3）如果你现在抛弃会计专业，重新学法律，那你前面4年时间就白白浪费了，也就是说你要从零学起，等于你在职场上落后了4年。

　　（4）现在的单位在招聘应届毕业生时，更倾向于让有一定基础的毕业生入职，你这样没有法律专业基础的毕业生，找法律岗位将会很难。因此，我建议你边干会计边学法律，你在法律专业上的成功取决于你在 8 小时以外是不是在学法律。

（5）你现在一心两用是比较难的，你现在要做什么，自己也说不上来。我现在给你指明的方向只能是：考研取决于你未来的专业，而不仅仅是混文凭，如果确实喜欢法律，建议你可以考法律专业研究生。

案例 2

王××，浙江财经大学，硕士研究生，会计学专业。

[困惑]

我认为会计专业的研究生现在就业优势不大，如果去会计师事务所，本科生能力超过研究生；如果去企业，需要偏向金融方面的研究生，我自己也喜欢研究金融。我是进会计师事务所呢，还是进企业？是不是哪家单位给的薪资高，就去哪家？

[专家指导]

（1）以后的事情以后再考虑，考虑目前、活好当下才是对自己的明天负责。你的明天取决于你今天在干什么。以前讲"三十年河东，三十年河西"，现在呢？变化太快，也许"今年河东，明年河西"。企业和会计师事务所并不是绝对孤立的，只有当两边都争抢你的时候，才说明你很优秀。

（2）关于毕业后的收入问题，有一句话是"30 岁之前用钱买艺，30 岁之后用艺卖钱"。怎么理解这句话呢？就是刚毕业的时候，薪酬很重要，但不是最重要的，最重要的是个人知识、技能、能力是否可以得到增长，需要你投资自己和锻炼自己，要能学会吃亏，而且这些方面的增长往往要到 30 岁的时候才完全具备。当有了这些能力和技能以后，你的薪酬绝对不是问题。

（3）我很想知道你的情怀是什么。如果你没有情怀，以后就会觉得职场很累，就不愿付出和吃亏，最终你就挣不了多少钱。

（4）你发现没？在职场中好像越笨的人往往越容易成功。可是，职场中有笨人吗？没有！在职场中，大家的智商都在 100 左右，所以"笨人"是指自以为笨的人。他们会比自以为聪明的人更好学。此外，自以为笨的人，不会走捷径。现在职场中有些年轻人会投机取巧、钻空子，这种"成功"只是昙花一现而已。此外，自以为笨的人愿意吃亏，而在职场中"吃亏便是福"。很简单的道理，你是愿意和那种喜欢投机取巧的人为伍，还是愿意与处处谦让的人为伍？胡适就很喜欢吃亏，有一次，路边一个三轮车夫对他说："胡教授，我老婆生病了，我可以向你借 3 块钱吗？"胡适不问认识与否，就借钱给他，还给他写条子，介绍他到医院就诊。当时人们以"我是胡适的朋友"为荣。当你身边的朋友资源无限多的时候，你就很成功了。

二、选择就业还是选择创业

案例

王××，浙江农林大学，本科，农业类专业。

[困惑]

（1）我注册了一个旅行社，自己是法人，团队有 7 个人。我的旅行社挺受大学生欢迎，在旅游高峰期，1 个月的营业额有 40 多万元。我是继续经营下去还是换工作？即我到底适合打工还是适合创业？

（2）我自己做了 SWOT 分析（在专家老师的帮助下）。优势：经历比较多，有理想、有创意、有团队、有人资助、脸皮厚、了解市场（从事大学生的生意）。劣势：与社会接触少、自己没有人脉、管理能力差（非相关专业）、公司构架差、战略眼光不够（只能考虑到半年左右）。机会："互联网＋"时代、政府支持、地域优势（杭州鼓励创业）。威胁：市场竞争比较激烈（类似的公司比较多）。

［专家指导］

（1）你的 SWOT 分析做得很好，可以分析出你的优势是什么，劣势是什么，机会和威胁又是什么。从创业的角度来说，你的优势是什么？你已经有一个小平台，如果你坚持创业，你的优势有哪些？

（2）我们再分析你的 SWOT，优势是从内讲的，机会是从外讲的，你的分析是比较合理的。本身做的是学生的市场，目前市场划分比较细致，学生市场比较容易攻克，从大市场来说很多公司已经做得非常强，小企业没法与其比较，但是我觉得你一直坚持自己创业，只是现在大学毕业生都开始找工作了，你这个大学毕业生难免有点心思不定。其实你不太适合找工作，如果真要找，建议你找互联网相关的企业，目前比较多的一种方式就是创客。你也提到了你的劣势，你的企业现在规模还小，影响不大，等企业发展到一定阶段以及随着你不断成长，会慢慢积累更多的知识和人脉。

（3）现在你所从事行业的市场还是非常大的，前景也是比较广阔的，千万不要小看自己。你自认为脸皮厚，这是先天基础，是不可复制的优势。你的企业已经有了一定的基础，并且从目前的经营状况来看，利润也挺可观。

（4）杭州的创业环境是非常好的，当然你的劣势也不容忽视，但是可以慢慢学习，努力提升自己。每个人都有自己的劣势和短板，所以我们每个人都要学习和进步，"金无足赤，人无完人"。作为团队或公司的领导，你不能像对待员工一样对待自己。领导的思维、行为、意识都要走在员工前面，你需要的专业知识应更加宽广，需要跨界学习，如财务知识、法律知识、业务知识、人力资源管理知识、营销知识等。作为领导，对这些专业知识不需要精但是需要懂，而且你还要经营你的圈子，"你的圈子里是什么层次的人，你的创业程度也将达到什么层次的高度"。

（5）大学生刚毕业就创业，可以跨界学习，但是创业的领域不要轻易越界，一定要做擅长的细分市场。在今天的共享经济环境下，企业正在走向无边界组织，而管理则正在走向无边界管理。无边界组织的走向分三个层次——从"利我"走向"无边界商流"，从"利他"走向"无边界信息"，从"利众"走向"资金无边界"，不同层级的无边界，其驱动、发展、圈子、组织、管理、人才、循环模式等各不相同，并铸成其不同的模式流。

三、求职选择什么样的企业

案例 1

朱××，浙江农林大学，本科，日语专业。

[困惑]

（1）我是该先找工作还是一边学习一边找工作？如果找工作，我该找哪方面的工作？我在招聘会逛了一圈，发现没有和日语相关的职位。

（2）如何胜任工作？是学习成绩重要，还是实践经验重要？

[专家指导]

（1）应届毕业生找工作，渠道还是比较重要的，应多参加大型招聘会。更多关注日资企业或者与日本做外贸的企业。关注渠道当然也很多，企业的招聘岗位一般都发布在网络上，大家可以通过网络渠道查找。

（2）我估计日语专业的就业渠道相对而言会比较窄，因此，从专业的角度来看，教育机构（包括社会成人类教育培训机构）老师的需求量还是比较大的。

（3）我有一个学生，她的大学同学毕业后进了优衣库（日企），但是她在公司里两年都没用到日语。所以，专业只是学习的一种方式，或者说是自我成长的一种能力。大学的课程不多，更多的时间是让同学们自己思考、学习、实践，而不是填鸭式的教学模式。很多同学在中学时很优秀，到大学就变得平庸了。不是他们不上进，而是他们没有适应或利用这种自我学习的模式。我去很多大学做讲座的时候，差不多一半同学缺乏有求知欲的眼神，这样的同学如果自己不做调整，估计大学四年只能是混过去，甚至有的同学对是否能毕业也无所谓。

（4）你在大学考了好几个证书，这是很值得肯定的。尽管这些证书基本以理论知识考试为主，但是也证明了你曾经系统学习过，至少你有一些理性或感性的专业认知，不是一穷二白的状态，还证明你是一个很好学的人，现在的 HR 很喜欢你这样的年轻人。但是，我建议你还是赶紧接触社会，充分利用寒暑假进行专业的社会实践。很多HR 比较看重应届毕业生的实践能力，而且会在面试时检验其在实践中的认知和心得等。

（5）你的核心矛盾点是"究竟是赶紧上班还是先安心学习，再找工作"。这个问题需要你自己选择，你一定要考虑眼前要做什么。有一个"二八法则"，将人分为20%的成功人和80%的普通人，企业和你们学校班级里面也是如此。你可能会说你要做20%的成功人。很少有人会说自己要做那80%的普通人。你的形象好、成绩好固然很具优势，但是不要过于纠结这些，而是应考虑"在社会的职场中，我能做什么？我自己有什么能力？"。你现在这样纠结，就会造成学习和求职都做不好，正所谓"甘蔗没有两头甜"，你要学会放弃其中一样。你要冷静，心态要放好。目前来说，语言类专业不好找工作。但是，一家公司在选择员工的时候，专业不是最重要的，因而，你可以避开一些技术性的工作，重点关注文职类岗位，你的就业面还是比较广的。行动起来，要停止纠结。当你攀登山峰的时候，你会后悔没有从另外一侧攀登，听说那侧风景更好；当你攀登到山顶的时候，你会发现你走过的路才是最美的。

（6）你提到如何胜任工作，我给你的答案是要不断学习。第一，自己的专业，一定要踏实学好；第二，机会永远都在，社会总是在前进的，只要自己不倒下，机会就永远在；第三，不要想太多，要有平常心，要戒浮躁和急躁。从你的性格分析，你比较稳重，适合做文职类、管理类工作。

（7）在学习方面的建议：第一，加强专业学习；第二，多看一些与职场相关的书籍（如秘书、人力资源、行政管理等）；第三，看一些与兴趣相关的书（如九型人格、心理学方面的书）；第四，参加一些相关的社会课程培训，实现就业零距离，并积累一些社会人脉关系。

案例 2

陆××，浙江科技学院，本科，经济学专业。

［困惑］

（1）我已经考了会计、证券、银行等从业资格证书，想应聘会计岗位的工作，可以吗？

（2）我目前在准备银行方面的考试，对银行的招聘也有关注，到底哪个方向比较好？是会计还是运营？

（3）我觉得我的个人优势不强。例如，HR问我的特长是什么，兴趣是什么，我觉得自己没有特别喜欢的。

（4）在企业选择方面要注意什么？有些企业要求很高，还有一些公司，查不到公司信息，不知道好不好。

（5）在一般企业里，是不是学历不同薪资也不同？

［专家指导］

（1）我看了你的简历，你的学习成绩比较好，但在简历里把英语六级错写成英语四级，说明你不够细心，不太适合做财务，因为财务工作最重要的就是认真、仔细、负责任。此外，你的简历里面缺少社会实践的经历，这是你的简历中比较大的问题。

（2）对于你适合从事什么工作，我只能说一个观点，就是人在同一时间，只能做好一件事。这一点我想你在大学里的职业生涯规划课程里应该学过。不是什么都能做就是最好，而是能在某个领域做到专家级才是好。什么都会做是杂家，只做某一个领域就是专家，而且你哪怕不睡觉一天也只有24小时，你能把每件事情都做好？这是不可能的事情。因此，你一定要知道你的关注点在哪里，并下定决心做某件事情。如果你的关注点在银行，那就将重点放在银行。不能做着这个又想做那个，分散精力，什么都想做好反而什么都做不好。

（3）你也不要担心选了芝麻丢了西瓜。你是学经济学的，一定了解机会成本和边际效应，在同一时间，是做两件事情好还是做一件事情好，肯定要有所取舍。另外，HR 在招聘的时候，希望看到的求职者是比较积极成熟的，而不是像小孩子一样（你刚才表现得比较孩子气，带有个人情绪）。同时，面试的时候要注意个人形象（如说话、肢体动作等）。还有一点，你显得不够自信，给我的感觉是缺乏激情。

（4）你刚才说自己对就业有恐惧感，害怕自己不能胜任岗位。你现在的担心完全多余。企业既然招聘应届毕业生，就会为你们安排导师，会给你们时间学习。因为企业要尽快、尽可能多地"榨取"你们的"剩余价值"，如果你们成长得慢将对企业没有任何好处，企业可能因为你成长慢而解雇你。

（5）一般来说，企业信息在国家市场监督管理总局能查询到。建议考虑选择以下几类企业：①朝阳行业。主要是指国家鼓励发展的产业。②已经度过危险期的企业。已经成立超过3年的公司，一般能度过危险期，其经营模式和盈利模式已经闯出一条路来，社会上关/停的企业有90%都是成立在3年以内的。③正在发展或业务扩张的企业。这类企业对人才的渴求量往往非常大，企业给予人才的发展机会也相对较多。④与自己专业对口或有自己感兴趣岗位的企业。兴趣是自己职业发展的最好动力。⑤与个人价值观或就业观紧密联系的企业。找工作容易，关键是能做多久，如果价值观不同，最终你会选择离开。⑥如果去民营企业，最好事先了解好领导的秉性、为人处事的风格等，因为民营企业的生死存亡与领导的个性和格局有很大关系。

（6）工资待遇与学历相关的情况确实存在，但是这一般是针对毕业后就业的前几年，而我们应看的是两年以后、五年以后的薪资。前期相差几百元不重要，重要的是自己能否沉淀下来，多学习，能在未来有所发展。当你工作几年以后，企业看重的不是你的学校和学历，而是你的能力。

（7）接下来的招聘你也可以参加，但是每天一定要多花时间好好学习，多看一些职场方面的书。未来是掌握在自己手中，英雄不问出处，企业以业绩、能力、贡献来论资排辈，文凭只是其中之一！

四、怎样调整自己的就业心态

案例 1

李××，浙江科技大学，本科，通信工程专业。

［困惑］

（1）我想做产品经理，可行吗？

（2）现在各企业都在招聘，如果在4月份的校招阶段没能找到工作，是不是就只能找人家挑剩下的？

（3）您觉得以我的简历，应聘什么岗位比较好？

[专家指导]

（1）你的简历非常漂亮、清爽，是我看过的少数让人感觉舒服的简历。你追求完美，但是简历没突出重点，HR 无法在你的简历中看出你的优势。你想做产品经理，你就要能站在别人的角度考虑问题。

（2）你应聘产品经理，你对这个岗位的理解是"先做一些助理工作，然后做偏移动互联网方面的产品线工作"，目前你在学编程，但是你的简历上没有写之前的实践经验或经历，因此 HR 看不出来你在产品方面的学习经历和对产品的理解能力。

（3）从之前的面谈来看，你现在主要的问题在心态方面。你的性格浮躁又急躁，你希望自己能马上成功，可这是不可能的。你今年才21 岁，却想完成一般在 31 岁才能完成的事情。我不是小看你，而是告诫你，成功是需要积累的，是从量变到质变的过程，饭要一口一口吃，路要一步一步走，没有哪件事情是一蹴而就的。

（4）每年 4 月份的确是各单位招聘高校应届毕业生的高峰期。但是，一般来说，发展良好的公司，全年每个月都会招聘新人。你是一个创新型的人，但是你太着急了，你的心气太高了，还没成长起来就想"跑"。这也说明你的稳定性很弱，这会导致有些单位不愿意聘用你。此外，你说话的语速太快，容易让人感觉你说话有攻击性，这在面试的时候是不妥当的。你是一名很优秀的男生，就是表现得有些着急。

（5）你这次来找我咨询面谈，自始至终脸上没有笑容，我认为你很紧张，这需要你努力克服。你也咨询了很多职业规划方面的问题，但是我觉得你现在最严重的问题是"你飘在空中的状态"，即"不落地"。只有当你"落地"，一切才有可能。找工作是每一个毕业生都会面临的，你有比较典型的就业前焦虑症。

（6）你过于急迫的心态一定要调整，否则你很难给招聘单位安全感。你也不要给自己太大的压力，眼睛看到的不一定是真实的，要用心体会，了解自己真正想要的是什么。

（7）很多单位喜欢招聘有潜力的人，并不一定要求有多年工作经验，在将应届毕业生招聘进来以后，单位会安排学习，会进行培养。但是，培养一个人的成本其实挺高的，"与其投资一个学习能力很强但是学好后要辞职的人，还不如投资一个学习能力相对弱一些但是稳定性高的人"，即稳定性更加重要。

案例 2

王××，安徽××职业技术学院。

[困惑]

（1）我的简历只有200余字，是否可以？

（2）我明年毕业时，学历只有大专，我挺能吃苦的，什么工作都可以，但我也不知道自己想应聘什么工作。

[专家指导]

（1）你的简历写得太简单了，除了基本信息，其他信息一概全无。你将这样的简历呈现给 HR，要么说明你没有做好就业的准备，要么说明你根本不了解自己，有些随波逐流。

（2）毕业后想做什么，你没思考过；我询问你的职业锚，也是一问三不知；SWOT 分析你也不会做。你未能给我提供相关信息，无法帮你做分析。

（3）我教你分析自己的职业锚，学会做自己的 SWOT 分析。一定要确定"自己能干什么、自己想干什么、自己的职业目标路径是什么"。千万不要这个岗位也投，那个岗位也投，这样基本没有单位会聘请你。还有，你以后找工作，千万不要对 HR 说你可以做任何岗位的工作。各个岗位的胜任力模型是不一样的，一个人不可能胜任全部岗位。

（4）你敢于把自己这么"笨拙"的底子呈现给我，让我分析，证明你的表达和沟通能力还不错，在我批评你时，你也始终面带微笑，这一点很值得肯定。综合分析，我建议你从事市场营销类的工作。你离毕业还有将近1年的时间，我建议你在寒暑假期间进行市场营销类工作的实践，这样你明年正式求职的时候，简历就会丰富很多。

案例3

××，浙江理工大学，本科，电子信息工程专业。

[困惑]

(1) 感觉自己学的东西不够，有点自卑。

(2) 我毕业后想回广东老家，也考虑留在杭州，自己还不确定。

(3) 我就读的大学在我所学的专业领域里名气不大，是不是求职没有优势？

[专家指导]

(1) 你有非常典型的毕业生心态，快到毕业求职的时候，对自己一盘点，发现自己的优势或者可以拿出来亮相的东西很少。从就业的角度讲，你认为自己在专业、技能、实践等方面有欠缺，不妨选择非标杆企业入职，在工作中积累和成长。5年以后，当你觉得资本够了，再跳槽到目标企业也是完全可以的，这个叫职业目标的曲线救国。

(2) 越冷门的岗位，往往获得高薪的机会越大，稀缺人才才是最重要的。现在是互联网时代，新兴行业的发展信息，全球是同频的，不同的是每个地方的思维和认知不一样，所以才会发展不平衡。一般来说，在前沿、包容、开放的城市就业，就业前景会更加广阔。此外，你还要考虑你的职业目标、家人态度等，进行综合权衡。一旦确定，就要全力以赴实现自己的目标。

(3) 你这种纠结学校的观点是不对的，正所谓没有状元老师，只有状元学生，你们学校的专业名气是靠你们这些学生打出来的。HR关心的是你能否给单位带来绩效，要的是你的能力，而不是一张简单的文凭。

案例 4

王××，浙江理工大学，研究生，材料纺织专业。

［困惑］

我想求职做行政助理，要具备什么条件？我是否可以胜任？

［专家指导］

（1）通过与你沟通和对你做的性格测试分析，我觉得你的性格符合这个求职岗位。

（2）研究生和本科生，对任何一家单位来说，起点是一样的，都是职场新人，只是研究生对专业领域的学习会更系统一点。但是职场新人一旦入职，就只有会不会做、肯不肯做、能不能做。单位要考虑成本、效益，你入职以后对单位来说是人工成本。因此，研究生要把心态摆正，起点是一样的，竞争力是需要你自己努力提升的，想要得到单位的认可，就要付出努力。

案例 5

项××，浙江财经大学东方学院，本科，市场营销专业。

［困惑］

（1）看不到工作的方向，感觉累、迷茫。

（2）求职的时候是偏向中小型企业还是大型企业？

［专家指导］

（1）从面谈情况分析，你目前心态较为浮躁，不够沉稳，急于求成，对自己的认知和分析还处于肤浅层次。

（2）对你进行"把梳子卖给和尚"小测试，你给我的回答是"认为这个案例有可取之处，不够肯定，理论大于实际，运用于生活中或者工作中会比较难"。由此我分析你存在怕困难的心理障碍，较为排斥市场营销（本专业）。你还提到这个专业是你父亲为你挑选的，你自己并不十分认可。因此，你的职业锚需要调整，求职的时候不妨换专业。你喜欢新媒体运营，而且平时关注较多，我赞同你的这个思路和想法。

（3）我建议你选择自己感兴趣的行业、岗位，并且一头扎下去努力工作，忍受并克服工作中的困扰并坚持下去。

（4）一般来说，大型企业的岗位"精而专"，人才济济，待遇稳定，门槛较高，进入难度大，但是个人职业发展比较缓慢；中小型企业的岗位"全面发展"，人才缺乏，待遇看业绩说话，门槛较低，进入难度低，个人职业发展机遇比较多。特别是创业型企业，员工可以谋取与企业共同发展的机会。

案例6

李××，浙江外国语学院，本科，英语专业。

[困惑]

（1）目前我正在准备考教师资格证，但我曾经辅导过一些小学生，小孩子太调皮，我觉得自己不太适合当老师，所以也在考虑是不是去企业找工作。

（2）要不要再考些别的证书？

（3）参加面试需要穿职业正装吗？

[专家指导]

（1）你既然正在准备考教师资格证，那就静下心来好好学习，不要被周边的环境影响。没有一成不变的事情，现在很多有多年教学经验的教师也跳槽去企业，而很多企业成功后也会再去办教育。选择过程中，最忌讳患得患失，就像我们在路上开车一样，如果对线路不确定，大概率会出车祸。

（2）每个人都有自己的想法和观点，不要太在意外界的说法，可以听建议，但是要有自己的主见。

（3）关于在校期间的证书考试，我建议可以考与目标职业相关的证书。

（4）面试的时候建议穿正式的职业套装，这体现你对这次面试的重视程度，也是面试的礼仪，属于加分项，同时着装打扮要得体。

案例 7

洪××，浙江外国语学院，本科，日语专业。

[困惑]

（1）自己更加看重日后的工作氛围，期待亲切、和谐的工作氛围，但又不喜欢按部就班的工作，很迷茫。

（2）期待有一份自己的事业，倾向稳定、长期的工作，不喜欢变动。

（3）害怕自己成为可有可无的人。

[专家指导]

（1）通过和你聊你小时候的生活、学习情况，以及你父母的职业、家庭状况，我大概可以得出你的成长环境是从小父母给予的物质比较多，而精神和思想教育给予的比较少。作为一个女孩子，你父母给你灌输的（也包括你自己想要的）是安安稳稳、没有压力的工作，但是你内心又有那种不甘寂寞的念头，不想这么平平庸庸地度过，所以你心中就有"安逸"和"拼搏"两个"小人"经常打架，而且你的性格偏内向和文静，致使你非常希望有个依靠，希望最好有个领导能够带着自己，以免自己在职场中受到伤害，从另一方面也说明你对于周边的客观环境缺乏信任度。因此，要想走出这些，你必须勇敢地活出自己。第一，要克服自己的恐惧。在前进的道路上应努力解决问题，每个人都是在解决问题中成长的。第二，永远不要对自己撒谎。我们老是给自己找借口，这一点可能我们自己也不善于察觉。第三，勇于打破父母的限制。父母对我们的限制禁锢了我们的创新型思维。我们到大学以后形成了惯性思维模式，自己给自己构建了牢笼，比较典型的话是"这个好像没做过""这样好像不行""这个现在条件还不行"等。

（2）在职场中，优秀者和平庸者，不是智力上的因素，而是优秀者善于发挥自己的强项而已，在职场中应充分发挥自己的优势。千里马比骆驼优秀吗？要看在什么场合。如果在沙漠中，骆驼比千里马优秀多了。所以，我们在职场中千万不要做沙漠中的千里马。你期待的工作环境、美好的家庭，不是人家给的，而是你自己创造的，当单位肯定你的业绩或工作成绩的时候，该给你的肯定会给，如果不给会怎样？别担心，猎头公司也会来挖你！

（3）不要总是担心自己的未来。也许是你的性格比较敏感，但我们要学会放下自己，轻松面对未来。

（4）当你手里拿着锤子的时候，你发现的总是钉子；当你身上穿着盔甲的时候，你发现的总是长刀。你需要改变和调整自己的思维和行为模式，微笑面对生活，微笑面对同学、老师和亲友，你会发现大家都会微笑对你。

五、就业后，怎样做好职业规划

案例 1

王××，浙江农林大学，本科，农林经济管理专业。

［困惑］

（1）我想先进一个相对较大的公司工作，以后再去开一个农场；还想自己创业赚钱，希望在 32 岁新加坡定居。

（2）进招商银行实习时，我没想到会被分配到营销岗位。当时我每天在杭州、临安奔波，忙于上课和工作，工资也不太确定，目前实习已经结束。我曾经想去厦门，意向城市还有南京、上海和大连。我现在也不知道我想去哪里。

（3）我有时候与人交流会很开心，但是总觉得不擅长与人面对面交流。

（4）简历方面，我编写得是否可以？根据我的简历，您看我适合从事什么工作？

［专家指导］

（1）从与你面对面交流来看，你是一个社会型人才，比较愿意帮助他人，给人的感觉比较可靠。

（2）你想自己创业赚钱，希望在32岁去新加坡定居。这个总目标是可以的，但是这个目标需要支撑，如资金等。所以你要把总目标分解成不同阶段的目标。如果在32岁实现移民新加坡需要1000万元资金，那么你在26岁应该实现200万元资金的目标，28岁应该实现400万元资金的目标，30岁应该实现800万元资金的目标。目标确定以后，就可以规划路径，你可以充分利用你的资源进行设计。

（3）你的简历写得很全面，字数很多，但是没用的信息也很多，需要提炼。另外，5号字体太小了，调大一些。

（4）你的沟通能力还不错，只是逻辑比较乱，思路不清晰，你在这方面多锻炼，自然会提升上去的。没有哪种能力是天生的，能力都是后来慢慢培养起来的。

（5）刚才你问"根据我的简历我适合从事什么工作"，这句话我是不希望听到的，如果连你自己都不知道该干什么，别人很难给你一个很好的建议，就算给，也未必是你能做或者想做的。不要把希望寄托在别人身上，特别是你这样有创业想法的同学。

案例 2

苏××，浙江财经大学东方学院，本科，
行政管理学专业，辅修会计专业。

［困惑］

（1）我不知道选行政方面还是选会计方面的工作，不知道自己更适合哪种职业？

（2）很多单位的招聘岗位要求有工作经验，我没有，怎么办？

［专家指导］

（1）建议你去做一个 MPTI 职业性格测试，看你更适合哪一种职业。如果还是处于纠结中，那就要进行二选一，你前期也可以选择自己相对喜欢的职位，过 3~5 年再调整。年轻人不要怕失败，有时候失败也是人生的一大财富。

（2）单位的招聘岗位是不是要求有工作经验，这取决于企业计划招聘的是什么人员——有经验的社会人员，还是应届毕业生？如果是招聘应届毕业生，没有工作经验也可以试试。如果你有相同或类似岗位的实践经验，你会在面试中更加容易胜出。

案例 3

董××，浙江树人学院，本科，工商管理专业。

［困惑］

（1）根据我的专业，我找哪方面的工作比较合适？

（2）家里想让我回老家，我自己想留在杭州，怎么办？

（3）如果现在不急，以后会不会找不到好的工作？

［专家指导］

（1）工商管理专业的就业面还是非常广的，是哪个行业都会涉及的专业。工商管理专业就业，一是考公务员，二是到企业里做一些行政、人力资源和助理类的工作。现在互联网企业很多，你还可以做一些客服类的工作。刚进企业，你要多学习。

（2）你虽然是浙江树人学院的三本学生，但是学校还不错。一般企业对学历不是特别看重，除非是要求专业性特别强。你做事比较踏实，可以先找一些事务性的工作。

（3）至于是否留在杭州，这个问题涉及你和家里人的态度。从职场角度出发，你在杭州的就业机会更多一些。但是，在杭州比在老家的生活压力大一些。

（4）现在企业招聘应届毕业生时，都知道他们没有工作经验，这些企业愿意培养。企业培养员工，当然，是希望员工能够稳定发展。所以，你在找工作的时候，要让 HR 感受到你的诚心和行动力，一定要体现你的稳定性。如果只干几天或者几个月就换工作，对个人帮助也不大。

（5）不用担心，一定会找到工作的，关键是要找什么样的工作。无论如何，你自己对工作和生活要有激情，要保持良好的心态。

六、求职时，如何选择适合自己的职业

案例 1

　　彭××，贺州学院，本科，小学教育（中文方向）。

［困惑］

曾在招商银行杭州分公司任行政助理，属于劳务派遣，工作了一年，刚离职。自认为文笔还可以，参加比赛得过奖。想做文职类的工作，如人力资源方面，不知道行不行。

［专家指导］

（1）如果文笔好，可以找文案策划、编辑、自媒体等相关工作，这些岗位的人才需求量是比较大的，这也是未来的发展趋势，你可以考虑一下。文笔考验的是一个人的基本功，如果基本功不扎实，是写不出东西来的，所以要注重知识的沉淀。

（2）你才入职一年就离职，这点我是不赞同的，入职时间太短，组织还没发现你的才能，你就已经离职了。我建议你不要论薪酬、不要论用工形式，关键考虑在这个岗位是否可以学习技能、锻炼自己，让自己成长。

（3）根据你目前的才能，找行政文员类的岗位还是很容易的，从招商银行离职了也没关系，已经离职了就不要想了。你可以做更多专业化的事情。不过，我从你的简历里看不出你的优势在哪里，建议你对简历进行调整，如果你想找文案策划类的岗位，可以把自己写的文章附上。

案例 2

刘××，浙江理工大学，本科，应用心理学专业，辅修会计学专业。

［困惑］

我很矛盾，不知道是找在办公室工作的岗位，还是找跑外联的岗位。

［专家指导］

（1）建议你先做个性格测试，测评出自己的兴趣点，找比较适合自己兴趣的工作；再分析自己的职业锚，要从事符合自己职业锚的职业。

（2）在确定了自己的职业锚以后，你要懂得取舍，找准自己的定位。你的想法目前分析起来也比较模糊，这是因为你没有直接的感官认知，所以你需要进行社会实践。通过实践，你可以了解行业的岗位信息，再评判哪些行业的岗位适合自己。

案例 3

袁××，浙江农林大学，研究生。

[困惑]

（1）曾兼职教育类工作，现在想去事业单位做普通教师，对教育类公司也非常感兴趣。不清楚未来想做什么，自认缺乏亲和力。

（2）实现目标的路径？我不懂这是什么。

[专家指导]

（1）从你的简历中我无法看到你在校期间的重点事项，内容比较杂，连仅1周的社会实践也写上去。求职简历除了基本信息要全，其他的就是对目标岗位有用的信息，什么都罗列上去会导致效果很差。

（2）职业目标有三个阶段：第一个阶段是生存的需要，不能因为追求高大上，而摒弃生存需要；第二个阶段是实现自我的需要，这个阶段是需要施展才能的；第三个阶段是普渡众生的需要，这个阶段你需要对事业持续投入和发展，但不是源于物质需要，而是精神层面。就目前而言，你选择的求职目标应根据你在第一个阶段的需要来设计和选择。

（3）对实现目标的路径，我们从"想实现""谁做""做得如何"的角度考虑实现的可能，充分运用"三角原理"（意愿、能力、情怀）和身边的人脉资源，坚信"坚持必有回报"，建立系统思维能力，做好时间管理。

案例 4

陈××，浙江大学城市学院，大三在读，国际贸易专业。

[困惑]

（1）我以前想做销售，但是现在又感觉自己不适合做销售，很迷茫。

（2）性格外向，这个性格优势要发挥出来吗？

（3）我认为销售工作不稳定，技术分析类的工作是不是好一些？

[专家指导]

（1）你目前的状态全凭感觉。没有实践过，或者是实践了一段时间就太早下不适合的结论，这样会耽误自己的。

（2）你的性格外向，这是你的强项，当然要发挥出来，你的强项才是你给企业创造绩效的能力。现在的企业对员工管理要发挥长板效益，就是要发挥员工的强项和潜能。你如果不发挥强项和优势，那就成了这也不会，那也不会，最终的结局是遭到开除。

（3）销售工作不稳定？谁说的？有很多人做了半辈子销售，对销售工作很自豪啊。在企业里，销售总监是核心人才，一个企业如果销售不得力就离倒闭不远了。销售岗位是有指标压力的，有些人认为压力就是动力，只是你的性格不适合承担有压力的工作而已，因此我建议你调整求职方向。你想做技术分析类的工作，但是你有这方面的专业知识吗？建议你还是分析一下自己，不要以不喜欢作为自己的借口！一定要明确自己的职业锚。

七、选择职业的注意事项

案例 1

余××，浙江工商大学，本科，工商管理专业。

[困惑]

（1）我发现需要这个专业的企业不是很多，我自己不喜欢天天坐在办公室，活动策划的工作适合我吗？

（2）我在学校学生会工作过，负责帮同学找兼职、组织换届选举、班级文化建设、聚会等，我找工作应该注意哪些？

[专家指导]

（1）策划类工作是有的，但 HR 会相对倾向于招聘市场营销专业的学生。工商管理专业的学生，根据我的了解，比较适合的岗位有：①工商管理类美工，需要会平面设计的人；②工商管理类文案，需要文采比较好的人；③活动策划类，需要版面配文字，能把活动用华丽语言描述出来的人；④专做策划，如《爸爸去哪儿》节目等，需要点子比较多的人。你需要考虑一下自己适合做什么；如果文字能力强，你就可以做文案；如果会平面设计，你就可以做美工；如果会活动策划，你就可以做策划；如果想做人力资源管理，就需要学习能力强，行政工作需要较强的沟通能力。

（2）你做过社团干部，说明你的组织能力比较强，而且你的沟通能力不错，因此我建议你可以求职类似总经理秘书、人力资源管理等岗位。刚入职时工作比较基础，如提醒总经理行程、订票、做会议记录等，没有关系，这期间你可以学到很多东西，不能仅停留在做完本职工作，而要上升到学习总经理如何谈判、企业如何运作等，做好了以后就会得到提升。

案例 2

赵××，中国农业大学，硕士研究生，森林经济学专业。

[困惑]

（1）专业对口的招聘岗位很少，我现在不知道哪方面比较适合自己，我是否应重新选择？

（2）我感觉自己白读了研究生。

[专家指导]

（1）当时有考虑清楚这个专业将来的就业前景吗？当然，关键在于这是不是你自己喜欢的专业，如果是，就是有职业兴奋点的。根据你目前的情况，你需要挖掘自己的兴奋点是什么、在哪里，不能简单地认为白读了研究生，研究生不是一纸文凭，而是一种思维、学习、研究的模式和理念。

（2）有的人考上研究生后，感觉超好，甚至目无一切。我认为像你这样的平常心比较好，不会盲目乐观。现在找个好单位有点难，如果实在找不到心仪的单位，可以先进一般的单位，等积蓄一定能力，再跳槽进心仪的单位。

案例 3

朱××，浙江科技学院，本科，土木工程专业。

［困惑］

（1）我觉得目前这个专业的市场不好，我不喜欢去工地。

（2）我在家学了一两个月软件开发，在游戏方向做得很好，求职时想找游戏/互联网方面的游戏功能测试岗。我应聘了游戏策划岗位，我感觉面试的时候谈得很好，可后来我没有收到通知，不知道原因。

［专家指导］

（1）土木工程，我认为是不错的专业。如果有可能，你应尽量坚持，否则你这四年时间就白白浪费了。仅是因为工地给你感觉不好，况且你还没有真正进入职场就放弃这个专业，有点可惜。你学的是这个专业，但爱好不是这个专业。专业与爱好，如何有机结合？我们必须懂得"专业是用来吃饭的，爱好是用来生活的"，你自己衡量一下。

（2）你不妨直接打电话咨询 HR 为什么不录用你，以便为你下次面试积累经验。我估计他们是因你专业基础弱没有录用你，所以你更应该去咨询。

案例 4

王××，浙江财经大学东方学院，本科，计算机科学与技术专业。

[困惑]

（1）我想求职销售、文员、行政，不确定自己究竟想做什么工作。

（2）我认为在学校所学的知识与在工作中需要用到的技能差距很大，前者实用性很差。

[专家指导]

（1）你的求职意向需要更明确，建议根据自己的职业锚进行调整。

（2）从专业提升的角度，建议你报考硕士研究生。如果现在不想考研究生，建议你边工作边学习，可以考虑报考在职研究生。总之，你一定要突破现有的层次。

（3）你比较缺乏紧迫感和危机感，还带有明显的浮躁心态。其实，高校应届毕业生在职场上就是菜鸟，一定要淡定、平和，做好当下。

案例 5

蒋××，浙江师范大学，本科，工商管理专业。

[困惑]

（1）在学校学的知识和实际工作应用的差距比较大，怎么办？

（2）我想找培训机制比较健全的公司做 HR，可以吗？

[专家指导]

（1）在学校学的知识和实际工作应用有差距是正常的，学校侧重于理论、框架和体系的建设，而实际工作侧重于解决问题。你意识到这点很好，那么下一阶段就是你要知道如何解决这个问题。建议你利用暑假和寒假进行实践。

（2）你的面部表情一直很严肃，让人感觉你不是特别阳光，建议你不要给自己太大的压力。

（3）你想做 HR，应该先了解 HR 是做什么的，自己是否适合这一岗位。HR 是对专业知识要求比较高的工作，并不是你认为的简单的沟通交流。

案例 6

胡××，燕山大学，本科，商务英语专业。

［困惑］

（1）迷茫，现在我在外贸公司实习，但是我不太喜欢这份工作。我发现电子商务的市场不错，很多业务需要电话沟通，我刚好喜欢和人沟通。现在我很迷茫，要不要去找电子商务方面的工作呢？

（2）会展公司好不好？

（3）除了英语，还有什么工作适合我？

［专家指导］

（1）找工作，不要一味追求爱好，你喜欢跟人打交道，就要找这方面工作吗？其实，电子商务和外贸没有很大区别。

（2）我对每个企业没有特别看法，冷门行业有发展得好的企业，热门行业也有发展得不好的企业。我更倾向于了解行业的趋势，如果这个行业是国家限制或者不鼓励发展的，一定要避开。对会展这个行业，社会还是需要的，但是会展对沟通能力的要求很高，你不妨了解一下相关岗位要求。

（3）英语不是一门工作，只是一种语言，很多工作都会用到英语。建议你自己好好定位，根据兴趣和爱好培养自己的一项专长，并发挥到极致，这样你必定能在职场上获得成功。

案例 7

梁××，浙江工业大学，本科，企业管理专业。

［困惑］

（1）我自己做了职业规划，但是感觉做得不切实际。

（2）我在酒店实习的时候，认识了酒店的 HR，觉得 HR 的工作很简单，所以我自己也想做酒店的 HR，但又觉得这个职业没什么发展前景。

［专家指导］

（1）在校期间做的职业规划的确与实际有偏差，因为你们还没有真正进入职场。要想成功地做出职业规划，需要智商、情商、逆商、悟性等多方面考虑，这些在学校的职业规划模型上是难以体现出来的。

（2）你看到的酒店 HR 的工作只是人家的表面。HR 有很多内在的修炼，在专业上要跨界，HR 要懂自己专业的六大模块，要懂心理学、财务会计、沟通技巧、法律、税务等，还要讲战略、做报表、算绩效、懂激励等，得是个全才。现在企业对 HR 都很重视，要求也很多。

（3）三百六十行，行行出状元。酒店的 HR 也是很有发展前景的。你的形象不错，也很懂礼仪，完全可以考虑做酒店行业的专业礼仪培训师。如果你定下这个方向，一直努力下去，说不定若干年后就是礼仪培训的专家了。

案例 8

毛××，香港浸会大学，硕士研究生，文学与比较研究专业。

[困惑]

(1) 我没有工作经验，也不知道找什么类型的工作。

(2) 普通高校和培训机构相比，我去哪里能发展机会更多一些？

(3) 个人经验不足会不会影响我求职？会有相关的入职培训吗？

(4) 如果去机构，我没工作经验，工资会不会比较低？

[专家指导]

(1) 你比较文静，从你的性格来说，可能高校更适合。培训机构以盈利为目的，教师除了教学，还要承担业务员的工作。

(2) 培训机构的工作节奏比较快，你可以尝试一下。在大型企业，无论薪水提升还是个人成长，机会都比较大。有些人对自己的成就欲望是比较高的，那样压力会比较大。如果你寻求安稳，可以考虑在高校就职，虽然也有竞争，但是相对会平缓一些。成就和付出是成正比的。

(3) 一般来说，企业录用新员工后会有培训。你也可以先进培训机构锻炼一下，做兼职也可以，再去高校。如果你愿意付出，给别人免费做一些辅导也挺好的。看似没收益，但是将知识分享给别人，收获最大的还是自己。只要你走出去了，你学到的东西肯定比在家里多。

(4) 正规的企业都有自己的薪酬体系，不用过多地去谈薪酬，给你一个机会就好好把握，多锻炼。例如，同样进公司 3500 元/月的一群年轻人，在 3 年以后会有很大变化，有些人的工资已经 10000 元/月，有些人依旧 3500 元/月，企业是根据你的个人能力和业绩表现给你发薪酬的。

八、跨专业求职、帮助求职者分析性格，明确其职业目标

案例 1

周××，浙江科技大学，本科，高分子专业。

[自我描述]

我家里（尤其是哥哥）希望我走研发路线，向精专方面发展。我自己希望在5～10年后能够成为公司的管理层，或者骨干力量，可以独当一面，有一定的权力与可观的收入。

[专家指导]

（1）是否向精专方面发展，取决于你获得喜悦和幸福的来源，即兴奋点是来自个人还是来自团队。如果是来自团队，建议倾向于销售类工作；如果是来自个人研究成果，建议读研究生，直至博士后。

（2）针对你而言，我建议你求职销售类岗位。因为你渴望成功，有很强的财富欲望，期待拥有光鲜的外表，而且你性格阳光，外貌较好，沟通能力也很强。

（3）你需要了解并熟悉销售岗位的胜任力模型，并认清自己，增加自身实力，提升对销售的认知。销售不单是在销售产品，更多是在销售自己。

案例 2

顾××，浙江财经大学，本科，财务管理专业。

[自我描述]

我的成绩一般，以后应该有能力买房子、车子。我会将我的收入一部分用于投资，如购买基金，一部分用于日常开销，余下的交由父

母保管。毕业后，我想找财务或金融方面的工作，或考公务员。考公务员是因为我觉得公务员能保证中产，生活压力相对小，工作轻松，在社会上也有面子。

[专家指导]

（1）你无野心，性格阳光，容易退让，包容度高。不会当着人面闹僵，但会保持距离。建议你以后遇到职场不公平时，不要沉默。

（2）建议从事与人打交道多一些的职业，例如，可以从事数据分析。

案例 3

薛××，浙江财经大学，本科，财务管理专业。

[自我描述]

我喜欢写作，已有两万字文稿。在大学期间，我的学习成绩还不错，年年获得奖学金。平时爱好看书、与室友聊天。

[专家指导]

（1）你的突出优势是学生时期的优秀成绩和甜美的长相。

（2）性格较中性，外向、内向均不明显。如果你以后做研究，特质不明显就需调整。

（3）建议去银行、证券公司。

案例 4

张××，浙江师范大学，本科，会计学专业。

[自我描述]

我喜欢聊天，积极参加学校组织的活动，如心理社区的拓展活动，不太喜欢会计。我觉得会计学专业太宽泛了。我不太喜欢运动，偶尔去操场散步。在家庭中，妈妈做主偏多。

［专家指导］

（1）经过与你沟通，我认为你有多重性格，你的行为特征均不明显，建议做性格测试后进一步交流。

（2）你对专业的理解偏弱，现在的状态与所学专业不匹配。

案例 5

余××，浙江工业大学，本科。

［自我描述］

我在本科毕业后先工作了两年，后来考研，但失败了（曾考过华东理工大学研究生，在面试环节被淘汰）。五年后的目标是年薪30万元。

［专家指导］

（1）你的性格有点小倔强，也有些小追求，看似偏内向，但有表达欲望。

（2）你的抗压能力不一定强，对于挫败的应对能力需提高。

（3）你以后在工作中不可任性，要灵活做事，圆润为人。

案例 6

陈××，浙江大学，研究生，法律专业。

［自我描述］

我最想做的事情是读博士、进高校当教师，因为老师的工作优点是有假期，而且不会丢专业。导师不建议我做律师。我很想问专家，自己没有做好进入职场的准备，怎么办？

［专家指导］

（1）在你的目标中已有答案，只是你未将其当成事业，没有太明确的方向，只是当作职业的谋生手段。例如，你以后能解决什么类型的法律问题，成为哪方面的专家等。

（2）考博士是个好的选择。

（3）不建议去北京、上海、广州、深圳等大城市，你适合到竞争性不太强的地方。

（4）从自己的所学能否有用的角度去看问题。你如果没有太大的生活压力，当教师挺好的。如果有生活压力，你可以考虑法院的书记员工作。

案例 7

赵××，浙江大学，研究生，法学专业。

[自我描述]

我想考公务员，以后就职政府机构或从事其他较稳定的职业。我不喜欢竞争，是个慢性子。假如未来有份稳定的工作，我想做个居家男人。

[专家指导]

（1）基于你现在的年龄，我认为你没有梦想，缺乏斗志，缺乏对事物的好奇心。

（2）目标不明确，你缺乏对过往的总结、对未来的持续考虑。

（3）建议你考公务员，你的个性适合安稳、按部就班的生活或工作。

九、离职后再就业的职业选择

案例 1

吴××，杭州电子科技大学毕业，通信工程专业，一直做通信工程项目管理方面的工作，现已离职。

[困惑 1]

我觉得自己不擅长与人沟通，更倾向于技术类工作。然而，我已经做了 10 年项目管理，从事这方面工作薪资待遇会好一些（有家庭经济压力）。而且，我也不知道自己还能做什么别的工作。

[专家指导]

你已经工作了 10 年，现在换行业和岗位代价较大，除非你有非常大的勇气，而且要放弃很多东西。

[困惑 2]

如果真能找到适合的、很喜欢的工作，有所放弃也是值得的。我也可以继续做项目管理，但是未必能做得很好，我对应酬不擅长，做起来不太开心。

[专家指导]

我很难评判你是否专业。你从技术岗位做到管理岗位，现在还是想往技术方面发展，或者说更愿意往技术方面发展。回到技术岗位，你有信心吗？你的回答是"没有很大的信心"。我再问你，今天你在招聘会上有没有投简历？

[困惑 3]

我今天投了一份简历，岗位也是项目管理方面的。因为我要考虑家庭，还要考虑收入。对职业的选择，我很困惑。

[专家指导]

其实也没必要那么纠结和困惑。你认为自己不擅长应酬。其实，应酬就是与人沟通。沟通是工作中必须要做的事情，你对此排斥是你的心态有问题。你潜意识总是认为自己不行，这样怎么能与他人沟通好呢？当你越怕做那件事情，就越做不好那件事情。但是，我觉得你很善于交流，一开始你还夸赞我，让我很开心。我建议你改变自己的想法，要树立"自己行"的强烈意识。

[困惑 4]

因为职业的缘故，必须有一些应酬，自己又不喜欢，感觉很痛苦，对自己各方面都有影响。

[专家指导]

你已经30多岁了，有些事情应该是可以想明白的，你现在上有老下有小，不是按自己性子行事的年龄了，应该更成熟一点，情商更高一些。例如，应酬为什么会让你如此反感？就是因为你潜意识认为"应酬就是社交场合，自己不善言辞，没趣"，这是有问题的，你在职场上会碰到很多问题，而且这些问题的最后解决场合往往是饭局，应酬不是吃什么、聊什么，而是和谁吃、做什么局！虽然你不善言辞，但是给人家善意的微笑总可以吧，赞美人家总可以吧，你发挥你擅长的就可以了，不要害怕什么。你要想在职场中提升自己，就不能害怕应酬，要将内心的不喜欢转化为还可以，到最后变得游刃有余。

[困惑5]

相对于从头学习技术，我觉得我更擅长项目管理。我在工作中常需要和人力资源部沟通，我觉得很累。

[专家指导]

这也是你固执的地方，这在职场中会增加团队沟通成本、降低工作效率，你不妨适当转变。你性格很温和，说话也很真诚，做项目这方面，很多人会愿意接受你，这是你的优势。在职场中，谁都有可能会遇到这样或那样的问题，碰到问题时多求助别人，放低自己的姿态。学会低头，你会发现你的道路会越走越宽。记住：关系是"麻烦出来的"。

案例 2

刘××，吉林建筑大学，本科，地理信息系统专业，28岁，有男朋友。

[困惑1]

我目前所在的部门要调整成科研部门，我的待遇等多方面都会受影响，现在我正在考虑是留下还是离开。现在是不是很多单位都会考虑员工结婚、生育等所带来的影响？

［专家指导］

企业在招聘的时候，一般会考虑员工结婚、生育等所带来的影响。企业在发展的过程中，也会考虑企业自身的问题。如果对成就感要求比较高，建议离职；如果求稳定发展，建议你留下来。薪水的变化是一个动态的过程，应更多地考虑以后的发展。另外，我建议你征求男朋友和家里人的意见，如果能留下，你尽量留下。

［困惑2］

我学的专业比较冷门，觉得找工作比较难。

［专家指导］

你觉得你能做什么工作，你的优势是什么？尽量找能发挥你的强项和优势的工作。我判断你的性格不是很坚毅，你可以找一份比较安稳的工作，再找一些兼职工作，让自己社会化一些。

案例3

白××，山东农业大学学生，性格较固执。

［困惑］

我想从事全球贸易方面的工作。我从8月份开始投简历，一直想进阿里巴巴，却没能成功。这一周我曾经收到过做客服的面试邀请，我真实表达了自己不想做客服的想法。我认为自己的思维比较单纯，喜欢自己专注的领域，也因此人际关系不太好。我希望自己以后主攻市场研究，但我也不清楚我能研究什么。明年我想出国读研究生，对国外的情况多了解一些，也让自己多一段海外留学的经历。我到底是认准这个行业，转别的公司，还是认准阿里巴巴，转而找门槛低一些的岗位？我现在彻底不知道到底自己该如何走了。

［专家指导］

(1) 你可以考虑从别的岗位做起，既然这么想进阿里巴巴，就不要给自己的人生留遗憾。职业生涯是没有极限的，也不是一条路走到底的，其中肯定要经历曲折。你有你的目标岗位，但是当你未达到该岗位要求的时候，不妨先就职别的岗位。在阿里巴巴有很多学习的机会，以后也有可能调整。企业一般都有轮岗或者内部招聘，不过要等到有实力的时候去做。

（2）对于出国，你要清楚出国的目的是什么，你要上哪一所大学，这些问题你要提前考虑清楚。毕竟，国外不一定对每个人来说都是天堂。

（3）我觉得你把问题考虑得太复杂了。通过看你的简历，我认为你的基础知识还是挺不错的。如果阿里巴巴也选择了你，你以后肯定能有所发展。

案例 4

包××，澳大利亚伍伦贡大学，硕士研究生，国际商务专业。

[困惑1]

我高中还没毕业就去了澳大利亚，后来在当地找了一份工作。因父母希望我回国，所以我现在回来（我所在的公司为我保留 3 个月职位）。但是，我对未来非常迷茫，毕竟我在国外生活了许多年，对国内的就业情况不了解。现在我最大的问题是工作没有方向。

[专家指导]

你看起来有点焦虑，建议先缓和一下，别给自己那么大压力。从国外到国内，求职其实没有本质的区别，人与人的交流都是一样的。你也可以找一些澳大利亚驻国内的公司，这样你可以有一个缓冲。

[困惑2]

我刚看到一家外包公司在招聘业务员，我感觉人家希望招聘的员工能直接上岗，我不知道自己进这样的单位后能不能把工作做好。

[专家指导]

你学的是国际商务，也有财务方面的工作经验，你不妨将以前的经验和现在的工作相结合，从金融方面考虑职业，将求职的起点提高一些。现在很多大型企业也在不断转型和创新，你的机会应该还是挺多的。

[困惑3]

国内的面试一般注重哪些方面，面试官会问哪些问题？

[专家指导]

每家单位在面试时的关注点不一样，这与每家单位的文化有关。例如，有些公司注重创新，他们在招聘中就会很关注创新。在面试中，面试官会考查你的人品，还会问你以前的工作经历。你给人的感觉是比较谦虚、比较容易相处的。在国内就业，你目前的处事方式需要适当调整。

案例5

陈××，大专，房地产行业。

[自我描述]

我以前在房地产行业工作了9年，后来和朋友创业了3年。我觉得大企业的平台是小企业没法比的，当初花了半年才适应，3年下来觉得跨行太大，现在想重新回到大公司，但是现在房地产行业也不像前几年火热了。一些猎头都是年轻人，我和他们聊不到一起。我的一些互联网朋友邀我加入他们，但我不太想去，而是想找一家在未来5~8年我可以全身心投入的企业。自己还未婚，也愿意去外地。（注：打扮比较随意，沟通中表现出纠结、对现状不满的情绪）

[专家指导]

(1) 你是一个事业心很强的人，性格偏强势，看起来过得比较累。这样会让人感觉你不太容易亲近，不了解你的人或者还未与你建立起关系的人不太愿意靠近你，特别是在你职位不是太高的时候。

（2）在你这个年龄阶段，要处理好生活和工作的关系，让自己过得精致一些，这样会更自信、更优雅。建议你在形象上做一些转变。一个人的面部表情源自内心，你给人的感觉是有压力的。你如果现在有这样一种心态，哪怕你有很好的机会，也不一定能把握住。你现在肯定不会找基础岗位，而一般企业在招聘中高层岗位职员的时候，会关注这个人的家庭幸福指数。

（3）也许你前面所说的第一任领导和第二任领导都是完美型的，对你的影响比较大，导致你过得并不开心。因此，我建议你调整一下生活、工作方式，可能会不一样。例如，你在外表上做一些变化，如换个发型，和人聊天的时候调整一些话题，如流行音乐方面、衣服方面等。一个人如果过于强势，就不太容易让人亲近。总之，自己要调整好心态。

（4）你前面说你的这些问题不愿向他人倾诉，包括自己的父母。这些问题确实让人很压抑，因此你更需要调整好自己的情绪，排解和管理好自己的压力，在好的心态下做出的选择才会更好。建议你看一些静心修身方面的书，如《论语》《庄子》等，这样会让心态比较平静。另外，听戏曲也是静心的好方法。

（5）经验丰富的面试官，能看出求职者的内心状态。我现在就认为你心里有一根弦绷得太紧了，你的面部表情已经都展现出来了。建议你平常多照照镜子，多笑一笑。你不用准备其他的，改变形象和心态就很好了。